CB048305

BRASIL EM TEMPO DE CINEMA

JEAN-CLAUDE BERNARDET

Brasil em tempo de cinema

Ensaio sobre o cinema brasileiro de 1958 a 1966

COMPANHIA DAS LETRAS

Copyright © 2007 by Jean-Claude Bernardet

1ª edição: Civilização Brasileira, 1967, coleção Biblioteca Básica de Cinema, Alex Viany (org.)

Agradecemos a Carlos Diegues, Luiz Carlos Barreto, Márcia Pereira dos Santos, Marina Person, Paloma Rocha, Paulo César Saraceni, Rex Schindler e Ruy Guerra pela cessão dos direitos das imagens exibidas neste livro.

Capa
João Baptista da Costa Aguiar
sobre foto do filme
Deus e o Diabo na Terra do Sol

Índices
Luciano Marchiori

Preparação
Mirtes Leal

Revisão
Cecília Ramos
Ana Maria Barbosa

Dados Internacionais de Catalogação na Publicação (CIP)
(Câmara Brasileira do Livro, SP, Brasil)

Bernardet, Jean Claude, 1936-
Brasil em tempo de cinema: ensaio sobre o cinema brasileiro de 1958 a 1966 / Jean Claude Bernardet. — São Paulo : Companhia das Letras, 2007.

Bibliografia.
ISBN 978-85-359-1017-9

1. Cinema - Brasil 2. Cinema - Brasil - História 3. Crítica cinematográfica I. Título.

07-2016 CDD-791.430981

Índices para catálogo sistemático:
1. Brasil : Cinema : História 791.430981
2. Cinema brasileiro : História 791.430981

[2007]
Todos os direitos desta edição reservados à
EDITORA SCHWARCZ LTDA.
Rua Bandeira Paulista 702 cj. 32
04532-002 — São Paulo — SP
Telefone (11) 3707-3500
Fax (11) 3707-3501
www.companhiadasletras.com.br

Sumário

Nota introdutória

... o principal é o seguinte: eu tive esse contato entre 63 e 65 e depois praticamente não o vi. Larguei o cinema em 70 até 80... e era aí março, por aí, fevereiro de 85, quando o *Cabra* tinha acabado... dois meses de estrear, eu tava embarcando de avião e vi o *Mais*; saiu uma crítica dele, e eu, no avião, fui ler essa crítica. É uma crítica extraordinária, não porque fala bem. Há críticas que falam bem, e você fala: "Eu me enganei". Se esse cara gosta desse filme dessa forma, eu me enganei. Isso é comum, porque o humanismo, porque não sei o que e tal e tal e tal. Não se trata de ser uma crítica que é elogiosa, é uma crítica que foi de longe... eu falo das críticas que foram feitas no calor da hora, não falo do que veio depois. E que é de uma pessoa que você vê que viu o filme trinta vezes, e que pensou duzentas horas sobre isso e que aí é o problema da crítica que te interessa, e que é muito rara. É um crítico que diz aquilo que você fez sem saber que tinha feito. Em que sentido? Tudo que você faz em cinema, ou em tudo que seja, é algo que tá aquém e além da consciência. Então coisas que estão no filme, mas que, e que não foram por acaso, e eu e Escorel discutimos as coisas que íamos botar, mas que aquilo fazia sistema a gente não tinha essa noção. E ele mostrava que aquilo é o sistema. Eu falo, para lembrar, tópicos principais: sistema da repetição, sistema do último e etc. E coisas essas que foram pensadas e que nenhum crítico de cinema fala, porque os críticos de cinema falam em paráfrases que... pra quê? Entendeu? É muito difícil falar de filmes que você viu ou não viu. O Jean-Claude consegue falar de filmes que você não viu e te interessar, o que é raríssimo. Inclusive, o último plano do filme, que nenhum crítico falou, né... que o filme não termina em um triunfalismo e termina embaixo. E ele tem então toda uma parte da crítica a isso que é extraordinária, porque isso aí é exatamente o que eu pensava em fazer e que ninguém falou. Enfim, aprendi muito com essa crítica, e como nunca me comuniquei com o crítico para dizer que gostei, achei legal, achei ótimo... eu não fiz, devia ter feito, porque daí eu teria, nos meus anos de ostracismo posteriores, talvez pensado melhor em conversar mais com ele.

Na verdade, nos encontramos duas ou três vezes nesses tipos de debate que a gente não fala as coisas como deve, e eu até lamento, porque o *Cabra* tem 21 anos, né, 22, 21 anos... e como eu disse, eu lamento apenas que eu fiz, que eu voltei a fazer cinema quinze anos depois, e eu tive dele reticências, e eu tô sempre curioso de o que são essas reticências, acho que é um mistério que fica aí. Mas eu vou ter um debate com ele inclusive dia 5, se tudo correr bem, sobre entrevista, para além da entrevista, onde eu já sei que vamos discutir posições opostas, e que talvez a gente chegue a um acordo e talvez não. Mas enfim, é outro assunto.

Fora disso, mais importante, que ele não sabe, porque eu nunca disse a ele, nem da crítica, falei da crítica porque é uma crítica maravilhosa, eu acho que a crítica dele tá à altura do filme, o que é difícil. Como eu tenho em alta conta esse filme, porque eu já gosto dele em terceira pessoa. Eu acho que isso é o máximo que você pode dizer de uma crítica, ele responde ao desafio do filme. Enfim, antes de fazer o *Cabra*, uns dez anos... 75, 76, que eu tava em televisão e... pretendia voltar mas não sabia como, digamos que... uma espécie de... coisa imantada, que eu lia e me provocava todo o tempo era o que o Jean-Claude escrevia nos anos 70 e 80. Basicamente sobre documentário, mas não só. Então tirando esse início do *Brasil em tempo de cinema*, que realmente hoje é um livro que é muito mais arqueológico, porque realmente é uma noção de classe média que... de Sófocles até hoje, tudo é classe média... mas ao mesmo tempo que é um livro que, como tudo, é bem pensado, apesar desse problema de estar deslocado no tempo hoje. E eu li esse livro na época, mas enfim, eu tava quase largando o cinema e tal, mas no período então que eu pensava em fazer o *Cabra* eu me alimentei, é como se eu fizesse... eu estou forçando um pouco a barra, porque você às vezes faz o filme pros amigos, faz pra você, você não sabe o que é o público, então eu fiz o *Cabra* um pouco do jeito que eu fiz em resposta às questões que o Jean-Claude colocava. E a partir de uma crítica minha, que também vinha um pouco dele, mas não com a rigidez que ele tinha, de o que o Cinema Novo fazia com os pobres e etc. etc. etc., e eu achava que não era isso, que tinha que sair disso. Então de certa forma a crítica dele correspondeu ao fato de que eu fiz o filme um pouco para ele. E isso não estou dizendo porque é uma homenagem a ele, estou dizendo porque é verdade.

Eduardo Coutinho

[Fala extraída da mesa redonda "Homenagem a Jean-Claude Bernardet: o documentário brasileiro como objeto", realizada durante o 11º Festival Internacional de Documentários — É Tudo Verdade, em 28 de março de 2006.]

Texto de orelha da 1ª edição

Brasil em tempo de cinema

Otto Maria Carpeaux

Eis o primeiro livro que pretende esgotar o assunto Cinema Novo Brasileiro em sua totalidade. Isto não quer dizer que a bibliografia existente sobre o tema não seja rica. Apenas é esparsa. As resistências que o Cinema Novo encontra, no Brasil, pela concorrência da importação de sonhos e ilusões pré-fabricadas no estrangeiro, pela incompreensão de grande parte do público, pela hostilidade aberta ou dissimulada de críticos e — *last but not least* — a consciência viva das suas próprias falhas e erros, tudo isso faz com que os criadores do Cinema Novo Brasileiro também costumem, todos eles, escrever sobre o Cinema Novo Brasileiro, defendendo suas idéias, explicando suas intenções e projetos, denunciando os inimigos e o inimigo e esclarecendo o caminho a seguir. Uma bibliografia compreensiva dessas manifestações, publicadas em revistas especializadas e gerais e na imprensa diária, já daria, quase, um livro. Em vez disso, o leitor do presente volume tem nas mãos o próprio livro sobre nosso Cinema Novo, assim como já existem tantos livros necessários sobre a nova literatura brasileira. E o momento é propício: é o momento em que a nova arte cinematográfica brasileira afirma e confirma sua posição dentro do panorama da arte cinematográfica no mundo.

A literatura brasileira moderna já está, através de traduções e críticas, relativamente bem conhecida no exterior. Podemos estar satisfeitos. Mas as vitórias alcançadas no estrangeiro pelo nosso cinema deveriam inspirar-nos satisfação maior. No caso da literatura, vemos projetado no mundo aquilo que apreciamos tanto em casa. Mas os filmes brasileiros vencem lá fora, não por causa, mas apesar de sua situação aqui dentro. Aqui, entre nós, a realização e apresentação de uma nova fita brasileira ainda é um acontecimento, porque relativamente raro. O número dessas fitas não é tão grande como deveria ser num país de dimensões continentais; e o público ainda não as compreende e aprecia como merecem.

Conhecem-se, sim, os nomes: Alex Viany e Anselmo Duarte, Glauber Rocha e Joaquim Pedro de Andrade, José Renato Pereira e Lima Barreto, Mário Fiorani e Nélson Pereira dos Santos, Paulo César Saraceni e Roberto Santos e Walter Hugo Khouri e os nomes dos seus roteiristas e fotógrafos, dos seus atores e atrizes. Mas ao elogio das suas qualidades artísticas nem sempre correspondem a compreensão das suas intenções, total ou parcialmente realizadas — eis o assunto principal do presente livro —, nem o urgentemente necessário sucesso material, nem a apreciação sóbria do seu admirável, dir-se-ia heróico, idealismo na luta contra dificuldades enormes.

A história do Cinema Novo Brasileiro não poderá ser escrita sem a análise prévia das condições materiais em que nasceu. Basta ver a página "Espetáculos de Hoje" em qualquer jornal de qualquer dia para saber que essas condições são outras que as das atividades literárias, teatrais, artísticas e musicais entre nós. A área "Cinema", no Brasil, ainda pertence, praticamente, aos importadores de mercadorias estrangeiras, entre as quais são raras — como em toda a parte — as obras artísticas. Assistimos passivamente à destruição do gosto dos brasileiros por uma massa enorme de produtos importados de péssima qualidade. A luta contra esse negócio abominável tem de ser travada no campo econômico. Mas também já começou a batalha no terreno estético e ideológico.

Chegou-se ao cúmulo de deixar de importar e apresentar certas fitas francesas e italianas de alta qualidade artística porque os donos do negócio, julgando conforme sua própria ignorância e falta de cultura, consideram-nas impróprias para o "imaturo" público brasileiro. Alimentam nossas massas com os produtos de usinas de fabricação de sonhos vulgares. O Cinema Novo Brasileiro lhes opõe a revelação de realidades.

Num momento de "crise da língua" cria o Cinema Novo Brasileiro uma linguagem nova para dar expressão a um realismo crítico da situação nacional e à revelação de uma poesia até agora escondida. Essa síntese de poesia e de crítica engajada é a nova arte cinematográfica brasileira, manifestação do mesmo idealismo combativo que hoje se insurge contra a infame opressão estrangeira e contra os apoios dessa opressão dentro do país. O livro de Bernardet serve para tornar esse idealismo consciente, para clarificá-lo — e para nos deixar ver, no longínquo fim do caminho, o reflexo luminoso da liberdade futura.

Prefácio da 1ª edição

Paulo Emílio Salles Gomes

Jean-Claude Bernardet, hoje um escritor brasileiro em ponto de bala para seu país e seu tempo, há poucos anos era um jovem esteta europeu bastante contemplativo e um tanto melancólico. A metamorfose foi provocada pelo Brasil e pelo cinema brasileiro.

Com alguma imaginação e alguns recursos, era bom ser jovem no Brasil de Juscelino e João Goulart. Foi nessa época de otimismo que Jean-Claude se desviou da órbita cultural européia e tornou-se brasileiro. Os filmes que então se fabricavam eram ruins mas estimulantes: foi esse cinema que fisgou Jean-Claude e o enredou.

Meia dúzia de anos de bom Brasil somados a meia dúzia de filmes brasileiros serviram de introdução aos poucos meses que Jean-Claude passou na Universidade de Brasília. Ele, sua mulher, Lucila Ribeiro Bernardet, Nélson Pereira dos Santos e eu próprio estávamos lá a fim de dar forma e vida ao curso de cinema que o professor Pompeu de Sousa havia criado como parte integrante da futura Faculdade de Comunicação de Massas. Todos nós queríamos ensinar Cinema Brasileiro, o que não era possível, pois o currículo previa várias outras disciplinas. Jean-Claude conformou-se em dar aulas sobre filme documental, mas ao mesmo tempo escolheu o filme brasileiro contemporâneo para tema de sua tese de mestrado. O trabalho estava nas vésperas da defesa quando ocorreram os fatos que culminaram na destruição da *antiga* Universidade de Brasília, como agora se diz.

A tese escrita em Brasília é o núcleo deste livro. A ampliação e o aprofundamento da experiência intelectual e humana do autor, assim como o enriquecimento do cinema nacional, permitiram-lhe perspectivas e prolongamentos novos. Contudo, o filão permanece o mesmo e longe ainda de ter sido esgotado.

A principal descoberta de Jean-Claude Bernardet nasceu de duas deliberações: encarar o moderno cinema brasileiro como um todo orgânico e procurar a mais variada associação com o tempo nacional correspondente. O resultado foi a revelação da existência de intrincados e indiscutíveis liames entre os filmes nacionais e a classe média brasileira. Analisando estruturas fílmicas e sociais, refletindo sobre ideologia e política, aplicando-se à psicologia das personagens das fitas ou de seus autores, Jean-Claude está presente de corpo inteiro, mergulhado até o pescoço nos filmes e na sociedade. Adverte o autor que nos encontramos diante de uma quase autobiografia; devemos a isso não só o estilo, mas algumas das mais consistentes revelações da tese.

Apesar de não haver no livro julgamento artístico das fitas, estabeleceu-se uma harmoniosa hierarquia: as fitas mais belas foram as que melhor se prestaram à interpretação social. Não acredito em generalizações, mas desta vez aconteceu: um livro impregnado de preocupações sociais contém a melhor crítica da produção brasileira recente e a mais aguda discussão dos temas centrais de nossa estética cinematográfica.

Este livro — quase uma autobiografia — é dedicado a
Antônio das Mortes.

Introdução

Este ensaio não é um catálogo comentado dos filmes brasileiros produzidos de 1958 a 1966. Pretende ser uma descrição e, na medida do possível, uma interpretação da atitude cultural exteriorizada, conscientemente ou não, no conjunto dos filmes brasileiros realizados nestes últimos nove ou dez anos. Não se adotou sistematicamente o critério cronológico, nem o da classificação por gêneros, ou por diretores, nem o da divisão entre produções *comerciais* e *culturais,* ou de esquerda e de direita. Tentou-se encarar o cinema brasileiro como um todo orgânico resultante de um trabalho coletivo. O projeto é pretensioso, pois, abordando uma matéria que está sendo elaborada, exige um recuo histórico impossível; conheceremos a significação do cinema que fazemos só quando soubermos em que ele vai dar e quando pudermos elaborar uma visão do conjunto cultural e social em que se integra. Isso hoje é impossível, pois estamos justamente criando esse conjunto cultural e social. Por outro lado, tal projeto é modesto, já que reconhece seus limites: tentativa, apenas, de ver claro naquilo que vem sendo feito, para saber em que ponto estamos e quais as perspectivas que nos são abertas. Ainda que seja um trabalho de reflexão, não se coloca num nível superior ao das obras que aborda. Situa-se no mesmo nível; situa-se (pelo menos pretende) dentro da luta; é uma tentativa de esclarecimento, um esforço para enxergar melhor, não um livro de história, nem uma atribuição de prêmios aos bons filmes e reprovação aos maus.

Este ensaio repousa mais na intuição e na vontade de esclarecer a situação em que estamos mergulhados do que mesmo num trabalho sistemático de crítica e sociologia. Inicialmente, porque a matéria, ainda que densa, é pouca. Atualmente, os diretores brasileiros são um pequeno número; os filmes produzidos desde 1958 são poucos. Isso faz com que determinados elementos devam ser detectados num único filme, visto que as sementes lançadas não puderam ser aproveitadas e desenvolvidas pelo próprio diretor ou por outros em filmes posteriores, o que não ocorreria se o cinema brasileiro estivesse economicamente mais sólido. A análise encontra-se assim sobremaneira dificultada. Outro obstáculo provém do fato de que os filmes ainda não conseguem comunicar-se plenamente com o público e a crítica, o que não facilita a avaliação do peso que pode ter na sociedade brasileira o cinema que se está fazendo. Tal fenômeno é realmente grave, porque um filme só se completa quando passa a ter uma vida dentro do público a que se destina. Outro empecilho é a escassez de meios para quem quer estudar cinema no Brasil: a falta de equipamento adequado; a não-disponibilidade de cópias (para a elaboração deste trabalho, não consegui ver alguns filmes, como, por exemplo, *Esse mundo é meu*); a inexistência de centros de estudos cinematográficos dignos desse nome etc. Tudo isso conduz obrigatoriamente a pesquisas superficiais.

A CLASSE MÉDIA. CULTURA CONSUMÍVEL

O Brasil tem estruturas que comprovadamente não mais correspondem a suas necessidades e às exigências de seu povo; por outro lado, o povo não consegue modificá-las; a evolução social é conflituada e cada fracasso torna mais agudas e gritantes as contradições.

A classe que no Brasil inteiro vem, há décadas, se desenvolvendo e se estruturando, fazendo sentir cada vez mais sua presença, é a classe média, principalmente a urbana. É ela que faz funcionar o Brasil: são os médios e pequenos industriais e comerciantes; são os engenheiros, técnicos, administradores, advogados, médicos, economistas, professores, arquitetos, artistas etc.; são aqueles que vivem de e fazem viver as grandes indústrias e comércios; são os universitários, os funcionários públicos, o operariado qualificado. Mas não é a classe dirigente do país. Ela é dominada por cúpulas representantes do capital, o que suscita inúmeras contradições em seu desenvolvimento e em sua afirmação.

É a classe média a responsável pelo movimento cultural brasileiro. Não há grupos aristocráticos ou da grande burguesia que possam sequer manter uma forma qualquer de parnasianismo. Quanto às classes que trabalham com as mãos, operários e camponeses, ainda lhes faltam consistência e bases suficientes para elaborar uma cultura que não seja folclórica. Pode acontecer que elementos das classes operária ou camponesa se tornem artistas, mas são sempre indivíduos isolados, cuja produção é logo consumida pela classe média, à qual passam a se dirigir e pela qual são absorvidos. Todos os valores culturais, todas as obras, da música popular à arquitetura, são atualmente produzidas pela classe média. A produção e o consumo cultural nestes últimos anos têm aumentado vertiginosamente: nota-se esse fenômeno tanto no estudo histórico, sociológico e econômico da realidade brasileira, quanto em arquitetura, literatura, música, artes plásticas, teatro e cinema. A produção editorial, o número de exposições, de espetáculos teatrais ou de filmes aumentam, apesar de as pessoas ou firmas que produzem se debaterem em geral com dificuldades financeiras sérias. Os dois principais centros são São Paulo e Rio de Janeiro, mas o fenômeno é de âmbito nacional, pois outras capitais são também focos vivos. Esse fenômeno é reflexo do processo de estruturação que se está verificando com a classe média.

Evidentemente, as contradições com que se debate a classe média, sua extensão, sua vitalidade e suas fraquezas se refletem nessa produção cultural, marcada principalmente pelo fato de que seus consumidores não têm consciência de sua situação, de seus reais interesses e problemas a resolver, pois consciência social e interesses podem não coincidir. Assim, ao lado de sérias pesquisas sociológicas e do interesse público que despertam cada vez mais, cada vez mais também são bem acolhidos autores que praticam um verismo moralista. Ao lado do realismo crítico, coexistem divertimento de alcova e formas surrealistas de 1920, quando não românticas do século passado.

Tudo isso caracteriza mais a formação de um mercado cultural do que a criação de formas culturais próprias. Grande parte da produção teatral, literária ou cinematográfica obedece às mesmas regras que o desenvolvimento do mercado de luxo: a arte decorativa, a proliferação dos espelhos, de vermelho e dourado e de tapetes espessos nos saguões dos cinemas, o requinte progressivo da vida de boate, a melhoria da moda, a publicação de livros de culinária considerada como uma bela arte, o impulso do turismo, o aumento do número dos clubes de campo. Tais fenômenos têm a mesma raiz, resultam da mesma evolução social. E a rainha desse mercado é a televisão.

É que o desenvolvimento da classe média é condicionado por suas relações de trabalho e por capitais que não se encontram em suas mãos. Ela é uma criação e uma serva do capital. O essencial de sua vida, suas possibilidades de desenvolvimento manifestam-se nas fábricas, nos escritórios, nas lojas, onde os indivíduos são apenas peças de um mecanismo que lhes escapa totalmente. A vida fora da fábrica, do escritório ou da loja torna-se marginal, é um intervalo, um momento de espera; é um vazio que, à medida que a classe média aumenta, tem de ser preenchido de modo sempre mais agradável, assim como devem ser valorizados marcos exteriores e lisonjeadores de seu desenvolvimento. Para povoar o espaço que permanece entre a saída e a volta ao local de trabalho, a classe média precisa criar objetos que confirmem seu crescimento, sua força ou ilusão de força, que afirmem seu bom gosto, considerado como prova de superioridade. Aldemir Martins desenha pratos; "nossos melhores artistas plásticos" pintam os motivos dos estampados da Rhodia; os tecidos e os lustres de *My Fair Lady* encantam platéias. No cinema, esse espírito é encarnado por Jean Manzon, cujas fitas são financiadas por grandes firmas agrícolas e principalmente industriais; os temas reduzem-se a dois: quantidade e qualidade. Fala-se em toneladas de cana ou aço produzidas por minuto ou por hora ou por dia (não tem importância, pois o público não tem ponto de referência); para construir tal objeto, foi usado tanto cimento quanto seria necessário para construir um edifício de duzentos andares; fala-se dos "admiráveis trabalhadores e admiráveis técnicos". A isso adiciona-se um pouco de poesia e muitas cores: os colheiteiros de café exibem chapéus multicolores; o poliestireno incolor torna-se vermelho nas mãos de Manzon; as platéias ficam embevecidas diante das orquídeas e dos papagaios encontrados numa favela sobre o Amazonas — desculpem, na "parte aquática da cidade de Manaus". A Indiana, num curta-metragem épico sobre o *Planalto Piratininga,* faz o histórico dessa "sinfonia do trabalho" que é a vida paulista desde Anchieta até as vitrinas da casa de moda Rosita. Como não sentir-se forte e seguro de si depois disso?

Se os exemplos que o cinema brasileiro oferece dessa mentalidade se restringem aos pseudodocumentários financiados por empresas e a poucos filmes de ficção, como *A morte comanda o cangaço* e *Lampião, rei do cangaço,* não é porque os cineastas pretendam não se deixar contaminar. É porque, devido à obstrução com que se defronta na distribuição e à concorrência dos filmes estrangeiros, o cinema não chegou a se impor definitivamente como mercadoria. O teatro, obrigatoriamente feito no Brasil por brasileiros, e de custo inferior ao do cinema, já existe como mercadoria e encontra empresários, como Oscar Ornstein, que dão à peça o tratamento que recebe a pasta dental: adequação ao gosto do maior número, publicidade, sorteios de meias ou perfumes nas vesperais. Enfim, a peça é tratada como um produto a consumir e o empresário faz o necessário para que seja consumida. E, naturalmente, grande parte do teatro brasileiro apresenta aqueles valores suscetíveis de agradar a uma platéia classe média: comédias leves em que a atriz muda de vestido em cada cena e exterioriza seu talento através de gestos de salão; interpretação, direção, cenografia que obriguem o espectador a reconhecer que "realmente, é muito bem-feito". Essa mesma mentalidade, aliás, já existe, como é normal, numa grande parte do meio cinematográfico brasileiro: muita gente pensa que se deve fazer filmes em que se gastem muitos milhões e que sejam de "boa qualidade"; foi, parece, o pensamento do produtor de *Society em baby-doll.* Só que esses cineastas estão por enquanto sem sorte, pois, para que esse cinema vença, é indispensável antes de mais nada que se considere o filme como produto a consumir e que se faça o necessário para que seja consumido. O cinema brasileiro ainda não tem seu Oscar Ornstein, mas é provável que ele não demore muito a aparecer, e então o público terá um cinema que lhe dará um satisfatório reflexo de si próprio, apresentando-lhe qualidade e quantidade.

Na introdução, de uma página e meia, do programa de um

espetáculo musical de grande repercussão promovido pela Empresa Diogo Pacheco, encontramos os mesmos temas: qualidade e quantidade de trabalho. Para executar esse espetáculo de "extrema dificuldade", musicalmente "dificílimo", foi exigido um "trabalho intenso". "Enfrentaram as dificuldades", "não pouparam ensaios" para conseguir "a melhor execução possível". Os instrumentistas foram escolhidos entre o que "havia de melhor em São Paulo [...] para provar ao público que possuímos instrumentistas de qualidade"; foram selecionados atores tais que "ninguém nos pareceu melhor"; quanto à "excelente" cantora, não havia "ninguém melhor". Não se pouparam esforços para realizar um espetáculo à altura da platéia, que não deixou de encontrar no palco um reflexo digno dela. Se insistimos na citação desse texto sem importância e que chega a ser caricatural de tão enfático, é porque gira inteiramente em torno da quantidade e da qualidade como valores em si, constituindo manifestação significativa da mentalidade classe média. De fato, *maior* e *melhor* são duas palavras ocas e superficiais que revelam uma fuga da realidade e com as quais a classe média mascara seus problemas. Uma cultura que tem como critério apenas a qualidade é uma cultura morta, ainda mais quando *de boa qualidade* se torna sinônimo de consumível. Eis a cultura que a maior parte da classe média brasileira culta se mostra atualmente apta a produzir e a consumir.

Justamente porque a classe média se comporta cegamente, aspirando mais a uma vida e a valores que imagina serem os das classes superiores, desviando-se assim de seus próprios problemas, a criação é pouca e fraca — o que não contradiz a afirmação acima, segundo a qual o desenvolvimento cultural é grande, principalmente em quantidade, ainda que muito inferior ao necessário, mas também em qualidade. No meio dessa gente toda que anda às apalpadelas, que opta por valores opostos a seus interesses, encontramos uma camada progressista disposta a procurar rumos para a afirmação de sua classe. Ela se manifesta tanto nos meios industriais como nos culturais e artísticos. Os valores que se esforça por criar, as idéias que emite, as formas que tenta elaborar encontram, no conjunto da classe telespectadora (expressão praticamente sinônima de classe média), uma violenta oposição. É de um aspecto dos trabalhos dessa vanguarda cultural que tentarei dar conta ao esboçar uma interpretação do cinema brasileiro de 1958 a 1966.

HERANÇA

Do grupo de cineastas que, com seus filmes, pretende participar da e refletir a luta que se trava para a afirmação de sua classe, quais são os antecedentes cinematográficos? Em que estado se encontra o cinema brasileiro e qual a situação cultural de um jovem brasileiro que pretende dedicar-se à produção cinematográfica?

Quanto à situação econômica, ruim, do cinema brasileiro, a primeira coisa a observar é que ela é a mesma que sempre foi. "...O filme nacional, sob todos os pretextos, encontrava uma resistência compacta e invencível entre os distribuidores, amarrados que estavam ao monopólio estrangeiro, que avassalava com seus produtos o mercado brasileiro, de ponta a ponta": essas palavras de Humberto Mauro[1] soam como se fossem de hoje. Entretanto, elas se referem a acontecimentos anteriores a 1930: o fracasso da produção cinematográfica de Mauro. Esse é o estado do cinema brasileiro. Essa má situação econômica decorre da invasão de nosso mercado pela produção estrangeira, favorecida pelo conjunto da legislação brasileira; o lucro é muito maior para os distribuidores

1. Citadas por Alex VIANY em *Introdução ao cinema brasileiro,* 1959.

de fitas estrangeiras, com os quais estão comprometidos os exibidores. As poucas leis favoráveis ao cinema brasileiro, além de muito precárias, não são respeitadas; os poderes públicos não têm força para fazê-las cumprir. Todos os organismos oficiais criados para tratar de assuntos cinematográficos resultaram em praticamente nada. Sozinho, o produtor brasileiro não tem condições mínimas de concorrer. A conseqüência, na prática, para o cineasta, é estar reduzido a mudar de profissão, ou a fazer cinema na base do heroísmo, ou a produzir obras *comerciais.* E continuará a ser essa até que consigamos conquistar pelo menos 51% do mercado nacional para o produto nacional.

Por isso, a história da produção cinematográfica no Brasil não se apresenta como uma linha reta, mas como uma série de surtos em vários pontos do país, brutalmente interrompidos. São os chamados *ciclos,* de cinco ou seis filmes quando muito; é Campinas, Recife, Cataguases, a Vera Cruz. Continua atualmente a euforia do Cinema Novo, que será mais um desses surtos, candidato ao cemitério dos *ciclos,* se, desta vez, não conseguirmos conquistar o mercado nacional. Os produtores independentes geralmente morrem de morte instantânea. Luís Carlos Barreto, que conseguiu montar uma estrutura de produção, é caso notoriamente excepcional. Diretores como Nélson Pereira dos Santos ou Walter Hugo Khouri, que conseguiram, em dez anos, dirigir cinco ou seis filmes, são casos únicos. É extensa a caravana de diretores, técnicos, atores que, após a estréia, desapareceram do mundo cinematográfico, ou passaram para a televisão, ou para o cinema publicitário.

Muitos fizeram filmes à base de fórmulas estrangeiras, principalmente norte-americanas, como o *western* ou o policial, pois pensou-se ingenuamente (e muitos continuam pensando) que bastava adotar fórmulas de sucesso para que os filmes se pagassem, sem perceber que essas fitas estrangeiras pagavam-se por ter à sua disposição uma estrutura de distribuição.

Mas a tônica da história do cinema brasileiro é o caso isolado, o filme isolado. Encontramos, cá e lá, bons e importantes filmes, como *Ganga bruta* (Humberto Mauro, 1933), mas não encontramos, no cinema brasileiro, a construção e o desenvolvimento de uma obra contínua. Tudo isso representa muitos esforços e desgastes de energias, que se traduzem, no cotidiano, pela inacreditável agressividade que rege as relações entre os indivíduos do meio cinematográfico. Por isso a história humana do cinema brasileiro é um museu de personalidades amarguradas e frustradas. Assim, não foi possível, culturalmente, desenvolver uma cinematografia, dar prosseguimento a uma temática, criar estilos. Cada filme representa uma experiência que não frutificou. As experiências, tanto técnicas quanto de produção ou de expressão, em vez de se acumularem e enriquecerem, deperecem, e cada diretor tem de começar mais ou menos do zero.

Assim sendo, a realidade brasileira não tem existência cinematográfica. Décadas de cinema possibilitaram aos países que têm uma produção sólida trabalhar sobre sua realidade e transpô-la para a tela. No caso, por exemplo, da Itália, o homem, seu meio e sua problemática foram elaborados numa multiplicidade de aspectos por diretores, dialoguistas, fotógrafos, músicos etc., o que criou no cinema uma Itália rica e diversificada. O jovem italiano que se prepara para fazer cinema tem atrás de si toda uma tradição que pode aproveitar, ou contra a qual pode se revoltar, mas que, em ambos os casos, representa uma prévia elaboração e interpretação da realidade sobre a qual vai trabalhar. O jovem brasileiro não tem nada disso. Deve descobrir e tratar não só a problemática da sociedade brasileira, mas até a maneira de andar, de falar, a cor do céu, do mar, da mata, o ambiente das cidades e do campo, no que, aliás, poderá e deverá aproveitar as experiências estrangeiras. Isso não basta, pois, se há alguns anos teria sido suficiente uma descrição da população brasileira, é hoje indispensável que isso seja feito em função do dinamismo, dos problemas e das lutas do Brasil. Essa ausência de tradição em hipótese alguma significa que o jovem brasileiro se encontra numa situação inferior, ou mais simples, ou mais complicada, que a do italiano. Trata-se de duas situações essencialmente diferentes, só. Não é aliás situação exclusiva do brasileiro: é a de qualquer jovem que venha a trabalhar no cinema (e em muitos outros setores) em qualquer país sul-americano ou africano, que até agora tenha sido colonizado ou que tenha tido uma soberania quase que apenas formal.

MENTALIDADE IMPORTADORA

O jovem italiano que realiza um filme dirige-se a um público que já teve longo contato com o cinema italiano, que dentro dele tem as suas preferências, e que já se viu na tela. Esse cinema também é expressão do público. O jovem brasileiro, ao contrário, vai dirigir-se a um público que não conhece cinema brasileiro. Não o conhece porque quase não existia; e os poucos filmes que existiam raramente chegaram até ele. Para o público brasileiro, cinema é cinema estrangeiro. É natural que o público, estando constantemente em contato com filmes estrangeiros e nunca nacionais, tenha contraído certos hábitos. Durante longo tempo, para amplos setores do público brasileiro, cinema restringiu-se a cinema norte-americano, e este sempre cercado de grande publicidade; se eventualmente se exibisse um filme brasileiro (que não fosse chanchada), o público não encontrava aquilo que estava acostumado a ver nos *westerns* policiais ou comédias vindas dos EUA. O cinema, por definição, era importado. Mas não só o cinema era importado: importava-se tudo, até palito e manteiga. O Brasil era fundamentalmente um país exportador de matérias-primas e importador de produtos manufaturados. As decisões, principalmente políticas e econômicas, mas também culturais, de um país exportador de matérias-primas, são obrigatoriamente reflexas. Para a opinião pública, qualquer produto que supusesse uma certa elaboração tinha de ser estrangeiro, quanto mais o cinema. O mesmo se dava com as elites, que, tentando superar sua condição de elites de um país atrasado, procuravam imitar a metrópole. As elites intelectuais, como que vexadas por pertencer a um país desprovido de tradição cultural e nutridas por ciências e artes vindas de países mais cultos, só nessas reconheciam a autêntica marca de cultura. Os produtos culturais brasileiros não eram negados: simplesmente, para elas, não chegavam a existir. *Ganga bruta*, em 1933, passa totalmente desapercebido, chamando exclusivamente a atenção de uns poucos amadores.

A ausência de tratamento cinematográfico da realidade brasileira, aliada à mentalidade importadora, tem um outro efeito. Um cinema nacional é para o público uma experiência única, pois é visto com olhos bem diferentes daqueles com que é visto o cinema estrangeiro. A produção estrangeira de rotina não passa, para a platéia, de divertimento. Filmes mais ambiciosos oferecem-se aos amadores de arte como objetos que solicitam um bom funcionamento de sua sensibilidade e de seu gosto. Raros são os casos em que o filme estrangeiro mobiliza grandes setores do público de vários grupos sociais, e atinge o espectador no conjunto de sua pessoa. O filme nacional tem outro efeito. Ele é oriundo da própria realidade social, humana, geográfica etc. em que vive o espectador; é um reflexo, uma interpretação dessa realidade (boa ou má, consciente ou não, isso é outro problema). Em decorrência, o filme nacional tem sobre o público um poder de impacto que o estrangeiro não costuma ter. Há quase sempre num filme nacional, independentemente de sua qualidade, uma provocação que não pode deixar de exigir uma reação do público. Tal reação não resulta somente de uma provocação estética (pode sê-lo *também*), porque o filme nacional implica o conjunto do espectador, porque aquilo que está acontecendo na tela é ele ou aspectos dele, suas esperanças, inquietações, pensamentos, modos de vida, deformados ou não. Essa interpretação, consciente ou inconscientemente, ele não pode deixar de aceitar ou rejeitar. Esse compromisso diante de um filme nacional, do espectador para com sua própria realidade, é uma situação à qual não se pode furtar. Pode recusá-la, o que já representa uma tomada negativa de posição diante da realidade que é sua: é a reação mais corrente hoje em dia. Isso não significa que qualquer filme nacional leve o público à descoberta de novos aspectos de sua realidade. A produção nacional pode muito bem ter como finalidade e efeito afastar o público de sua realidade. Aliás, é o que amiúde se verifica. Mas, inclusive nesse último caso, o filme nacional refere-se, direta ou indiretamente, à realidade em que vive o público. Entretanto, devemos reconhecer que o público brasileiro desconhece tais experiências. Se omitirmos alguns raros casos isolados, só a chanchada possibilitou, de modo prolongado, esse tipo de experiência. Experiência mais que limitada. Assim, o público não tem o hábito de ver-se na tela, e as identificações que pode fazer com personagens e situações nunca são baseadas em elementos de sua realidade, de seu comportamento, de sua vida, de sua sociedade etc. É tarefa do cinema brasileiro, e das mais urgentes, conquistar o público. Essa experiência, esse diálogo do público com um cinema que o expresse, é fundamental para a constituição de qualquer cinematografia, pois um filme não é tão-somente o trabalho do autor e sua equipe: é também aquilo que dele vai assimilar o público, e como vai assimilar. Para que um filme exista como obra, é tão importante a participação do público como a do autor. Sem a colaboração do público, a obra fica aleijada. Por isso, a conquista do mercado pelo cinema brasileiro não é exclusivamente assunto comercial: é também assunto cultural artístico.

No setor da crítica cinematográfica, o fenômeno é quase o mesmo. Os críticos pertencem a essa elite que só via cultura em produções estrangeiras, as quais, na maioria dos casos, exigiam deles apenas um juízo acertado. O próprio objeto do trabalho profissional do crítico era desvinculado de sua realidade. E, como acontece com o público, ainda que num plano diferente, o cinema nacional provoca o crítico de modo mais global. Diante de um filme estrangeiro, o crítico tem, em geral, a responsabilidade de ser um bom crítico, nada mais; diante de um filme nacional, tem a responsabilidade de um homem que participa ativamente da elaboração de uma cultura. A atitude do crítico diante do cinema de seu país é obrigatoriamente combativa, e sua responsabilidade é direta, não só diante dos filmes, mas também diante da realidade abordada, diante do público e dos cineastas. Essa experiência tem faltado à crítica brasileira, que se limitou a adotar uma atitude contemplativa de amador de arte, e que, em decorrência, chegou freqüentemente a atacar, com argumentos irracionais, o cinema brasileiro, pois esse ameaça os valores vigentes na torre de marfim. Não se deve deduzir daí que o conhecimento e o estudo de filmes estrangeiros são secundários; são ao contrário fundamentais, mas numa perspectiva diferente da de quando o cinema brasileiro não existia. O mesmo se verifica com o cineclubismo, que se alimenta de cinema estrangeiro e, portanto, criou uma estrutura para divulgar a matéria artística que lhe apresenta esse cinema; teria sido levado a se constituir diferentemente se não tivesse tido, com o cinema com que trabalha, uma relação que se estiola numa estética formalista.

A situação brasileira, em relação a cinema, é um típico exemplo de alienação. A atividade cinematográfica no Brasil, no plano comercial e cultural, tem sido no sentido de afastar-se de nós próprios. A realidade brasileira só limitada e esporadicamente recebeu tratamento cinematográfico. O público não pôde entrar em contato com o cinema brasileiro, e só entrando em diálogo com o público e dando continuidade a seu trabalho os cineastas poderão construir uma cinematografia. Sem o mercado à disposição da produção brasileira, tudo é vão. Essa é a condição *sine qua non* para que o cinema possa existir como arte e como negócio.

Esse estado de alienação, existindo em todos os níveis, desde a produção e o equipamento até a distribuição e a arte, é a herança do jovem brasileiro que chega ao cinema. Outrossim, esse jovem encontra uma situação particularmente fascinante. No Brasil, processa-se a Revolução Industrial, que atinge profundamente todos os aspectos da vida no país. Surtos de cinema — episódicos como o baiano, ou ainda vigorosos como o carioca — são reflexos dessa evolução. Uma realidade violenta e agressiva, que não se deixa ignorar, vem solicitar constantemente o cineasta. Grandes partes do público, que ainda há pouco tinha o olhar voltado para a cultura estrangeira, tomam consciência da cultura brasileira. No meio cinematográfico, o movimento de desalienação é rápido, tanto da parte dos autores, técnicos e atores, quanto da parte das entidades de classe, cujas posições são cada vez mais eficientes e coerentes, como também é o caso das instituições culturais, dos cineclubes, das universidades e da crítica.

Esse cinema feito por cineastas oriundos de uma classe média que tem possibilidades de afirmação e de solidificação, e que simultaneamente se solapa a si própria, esse cinema sem tradição e que nasce num país subdesenvolvido em meio a conflitos violentos — país cuja estrutura range de alto a baixo e em que as palavras *imperialismo* e *nacionalismo* são pronunciadas por todos e recobrem idéias e fatos dos mais diversos e contraditórios, país em que as massas populares começam a ter certa força de pressão —, esse cinema, como é? Quais os rumos que toma? Que formas cria? Que realidade focaliza? Que forças apóia ou combate? Eis as perguntas a que se deve responder, ou seja: qual é o homem que nos apresenta o cinema brasileiro, que quer, para onde vai? É a pergunta fundamental.

À procura da realidade

Durante a primeira Convenção da Crítica Cinematográfica, promovida em São Paulo pela Cinemateca Brasileira em 1960, Linduarte Noronha, de João Pessoa, repórter de O *Cruzeiro*, apresentou um filme de cerca de vinte minutos, penosamente produzido com a colaboração de instituições de João Pessoa, Recife e Rio de Janeiro (Instituto Joaquim Nabuco, Secretaria da Educação da Prefeitura de João Pessoa, Associação dos Críticos Cinematográficos da Paraíba e Instituto Nacional de Cinema Educativo), e que provocou violentas polêmicas, repetidas quando a fita foi reapresentada na Homenagem ao Cinema Brasileiro que inaugurou as manifestações cinematográficas da Bienal de São Paulo de 1961: *Aruanda*. Vindo das lonjuras da Paraíba, Linduarte Noronha dava uma resposta das mais violentas às perguntas: que deve dizer o cinema brasileiro? Como fazer cinema sem equipamento, sem dinheiro, sem circuito de exibição? Tais eram as perguntas que surgiam de norte a sul do país.

Aruanda documenta a fuga dos escravos e a instalação de um quilombo na serra do Talhado. A fuga é evocada pela andança no deserto de uma família de camponeses de hoje. Noronha descreve um ciclo econômico primitivo: os homens plantam algodão e, quando passa o tempo do plantio, as mulheres fazem cerâmica, e trocam-se esses produtos, numa feira longínqua, contra gêneros de primeira necessidade. É o ciclo econômico que fornece ao filme sua estrutura. O documentário, portanto, não se limita a mostrar flagrantes de uma vida atrasada, mas pretende apresentar o mecanismo dessa vida. Logo, trata-se de uma fita que está no caminho do realismo. Noronha ultrapassa poeticamente a exposição de um mecanismo econômico. Ele tem a intuição do deserto: a terra seca é a personagem principal da fita; a farinha branca, que serve de alimento, é da mesma natureza que a terra; a lama, terra misturada com um pouco de água, é uma festa; aliás, as seqüências de cerâmica estão entre as melhores. O documento é enriquecido pela compreensão íntima das condições de vida: nenhuma necessidade de apresentar em primeiro plano rostos burilados para mostrar o homem; planos médios, ciclo econômico primitivo, terra seca são mais eloqüentes. Noronha respeita a realidade tal como a encontra: tudo foi filmado *in loco* e tal como existe hoje; a música foi tocada por músicos locais e gravada *in loco*. No entanto, e isso também era da maior importância, Noronha não é tímido diante da realidade: não receia torná-la mais compreensível através de um esquema abstrato, ou evocar com homens atuais um acontecimento do século passado, ou distorcer um pouco o ritmo de uma música. Embora preocupado em realizar um trabalho de cunho sociológico e antropológico antes de mais nada, Noronha fez também um filme poético em torno de uma libertação, a fuga dos escravos e a criação de Palmares, acontecimento que seria várias vezes retomado: o filme de Carlos Diegues, *Ganga Zumba* (1963), os espetáculos teatrais *Arena conta Zumbi* e *Liberdade, liberdade* (1965), a canção de Carlos Lira e Vinicius de Morais, *Aruanda*, também elegerão Palmares como símbolo, discutível, da liberdade. Esse símbolo de liberdade não é ressaltado no filme, mas o espectador não deixa de pensar no episódio histórico. Simultaneamente documento e interpretação da realidade, a fita apresenta um péssimo nível técnico: às vezes o material foi escasso para a montagem; a fotografia, ora insuficientemente, ora excessivamente exposta, oferece chocantes contrastes de luz; a faixa sonora apresenta defeitos. Mas não entendemos tais falhas como sendo defeitos: uma realidade subdesenvolvida filmada de um modo subdesenvolvido. Devido a suas deficiências técnicas, *Aruanda* foi às vezes qualificado de primitivo. Ora, não é nada disso. O primitivismo se caracteriza mais pela ingenuidade de visão e do modo de reprodução da realidade, e não implica uma técnica deficiente e simples. Se há algum primitivismo na fita, esse não deve ser encontrado nas deficiências técnicas ou narrativas, mas em algumas tentativas de virtuosismo: fotografia bonita, câmara baixa e figuras em contraluz. Esse e outros filmes brasileiros foram chamados de *primitivos* porque se quis encontrar uma desculpa artística tanto para a temática quanto para a técnica, uma desculpa por parte da cultura erudita e idealista. No caso, a insuficiência técnica tornou-se poderoso fator dramático e dotou a fita de grande agressividade. *Aruanda* é a melhor prova da validade, para o Brasil, das idéias que prega Glauber Rocha: um trabalho feito fora dos monumentais estúdios (que resultam num cinema industrial e falso), nada de equipamento pesado, de rebatedores de luz, de refletores, um corpo-a-corpo com uma realidade que nada venha a deformar, uma câmara na mão e uma idéia na cabeça, apenas. O que fazer? *Aruanda* o dizia. Como fazer? Também o dizia. A euforia era justificada: para fazer cinema, não se teria de esperar que as condições favoráveis viessem; bastaria arrancar um dinheirinho de instituições culturais (muitos dos documentários mais significativos dessa época nasceriam, à margem da produção cinematográfica propriamente dita, de verbas de instituições extracinematográficas; alguns paulistas tentaram de uns anos para cá sistematizar esse tipo de produção), e as deficiências técnicas expressariam nosso subdesenvolvimento (nada de fazer cinema para festivais). Contra esse mito, Roberto Santos foi um dos raros cineastas a se manifestar. E deve-se dizer que tais deficiências tiveram função dramática exclusivamente em *Aruanda.*

Difícil é fazer chegar uma fita nacional de longa-metragem a um circuito comercial; impossível, uma de curta-metragem. Então, esse cinema não se dirigiria, por enquanto, a salas comerciais, mas atingiria o público por intermédio dos cineclubes, dos centros populares de cultura, das associações de classe e de bairro. A solução era criar um circuito paralelo: foi iniciado, mas nunca chegou a se organizar. As confrontações de *Aruanda* com o público foram das mais elucidativas, mas não soubemos entendê-las. A euforia provocada pelo filme, mais acentuada em São Paulo que no Rio, não foi além de um círculo de pessoas diretamente interessadas pela criação (pensava-se em criação, a partir do nada) de uma cultura adequada à evolução do Brasil. Mas nem um público de cinemateca conseguiu entusiasmar-se muito. Quando projetada, em sessão especial dedicada ao cinema brasileiro, num liceu freqüentado pelos filhos da alta e da média burguesia paulistana, a fita não foi compreendida: viu-se uma fita malfeita e aborrecida, apesar de uma linda música, e a dominante do debate que sucedeu à projeção foi: "Por que mostrar sempre a miséria? O Brasil não é apenas isso". A alta e a média burguesia não queriam entender a fita, e daí? As coisas se fariam com ou sem elas. Seria melhor que entendessem, pois assim pagariam entradas. Muito poucos perceberam, naquela época (1962/63), que se a burguesia, principalmente a média, não entendia ou não queria entender o cinema que se fazia, era problema da burguesia, mas também do cinema. E talvez, ainda agora, 1967, poucos entendam. Quando *Aruanda* foi projetada no Sindicato da Construção Civil de São Paulo, cujos membros são em grande maioria nordestinos, foi bem acolhida. Espectadores se levantaram, entusiasmados, para dizer que era preciso mostrar essa fita a todo mundo, aos que participavam das atividades do sindicato, e aos outros também. A fita tampouco fora entendida. O entusiasmo foi exclusivamente motivado pelas seqüências da cerâmica, por apresentarem técnicas que não são desenvolvidas no Sul. O que a fita pretendia dizer não fora comunicado; tal manifestação era também uma indicação sobre o tipo de cinema que poderia atingir o público que mais importava aos cineastas. Mas, isso, nós o entendemos muito superficialmente e, no fundo, não demos importância a esse tipo de compreensão. Tudo seria entendido bem mais tarde. Por enquanto, fazia-se um cinema que não tinha público. Esse fenômeno não é isolado: não é apenas o cinema que não chegava ao grande público; era todo um movimento cultural e político.

CINCO VEZES FAVELA

Outra resposta foi dada por *Cinco vezes favela,* produzido pelo Centro Popular de Cultura da União Nacional dos Estudantes (Rio) em 1961/62, e constituído por cinco filmes de curta-metragem: *Um favelado,* de Marcos Farias, *Escola de Samba Alegria de Viver*, de Carlos Diegues, *Zé da Cachorra*, de Miguel Borges, *Couro de gato*, de Joaquim Pedro de Andrade, e *Pedreira de São Diogo*, de Leon Hirszman. Filme ruim, é uma das experiências, de todos os pontos de vista, mais reveladoras do cinema brasileiro, pela atitude excessiva que presidiu a sua realização. Aliás, diga-se de passagem que o excesso, o radicalismo, teve sua função didática na evolução do cinema brasileiro, pois agitava e provocava debates entre pessoas que posições mais equilibradas teriam deixado indiferentes: esse foi um dos papéis de Glauber Rocha, cuja câmara-namão rompe brutalmente com toda uma tradição cinematográfica, ou cuja *Revisão crítica do cinema brasileiro* (1963) arrasa ou elogia arbitrariamente filmes e diretores brasileiros. Tal radicalismo, característico da época, ajudou imensamente a evolução das idéias cinematográficas no Brasil. Esse também foi o principal papel de *Cinco vezes favela.*

A importância do filme começa pela produção. Não se trata apenas de uma produção feita fora do sistema corrente, por intermédio de instituição cultural extracinematográfica. Como poderia o cinema refletir uma realidade e assumir posições que não fossem do interesse das instituições produtoras? Os filmes teriam de submeter-se às limitações naturais impostas por instituições que representam a cultura oficial, e dificilmente poderiam adotar a perspectiva social dos trabalhadores, a quem escapa o controle da cultura brasileira. Um cinema socialmente válido só poderia ser produzido por entidades de classe ou outras que se encaixassem na mesma perspectiva, como seria o caso, pensava-se, das entidades estudantis. Assim, *Cinco vezes favela* poderia ter sido o início de uma produção que escapasse aos canais da cultura oficial. Outras tentativas — como aquela feita pelo CPC de São Paulo no Sindicato da Construção Civil e liderada por Maurice Capovilla, que chegou a completar as filmagens de um documentário sobre a vida dos pedreiros e serventes em São Paulo — não vingaram.

O CPC pretendia, por meio de peças de teatro, filmes ou outras atividades, levar a um público popular informações sobre sua condição social, salientando que as más condições de vida decorrem de uma estrutura social dominada pela burguesia. Tarefa de conscientização: deve-se ir além da descrição e da análise da realidade, a fim de levar o público a atuar; a situação não mudará se ele não agir para transformá-la e só ele pode ser o motor dessa transformação. Trata-se de politizar o público. Essa militância é a finalidade de *Cinco vezes favela*: o ladrão da favela não é ladrão porque não queira trabalhar, mas porque não encontra serviço e precisa comer; é a sociedade que faz o ladrão (*Um favelado*). Se o favelado não tem onde dormir, é porque até os barracos da favela pertencem a um rico proprietário que dispõe de seus bens a seu bel-prazer (*Zé da Cachorra*). Se o favelado preocupa-se mais em organizar as festas da escola de samba do que em participar da vida sindical para alterar a sociedade, tudo ficará na mesma (*Escola de Samba Alegria de Viver*).

Portanto, conscientemente, jovens diretores (salvo Joaquim Pedro, que fizera *Couro de gato* anteriormente) resolvem fazer fitas que politizem o público. Todos iniciam seu filme com uma determinada visão da sociedade já esquematizada em problemas que provêm mais da leitura de livros de sociologia que de um contato direto com a realidade que iriam filmar: a favela. As estórias foram elaboradas para ilustrar idéias preconcebidas sobre a realidade, que ficou assim escravizada, esmagada por esquemas abstratos. Não se deixa à realidade a menor possibilidade de ser mais rica, mais complexa que o esquema exposto; a realidade não dá margem a nenhuma interpretação além do problema colocado, e chega a dar a impressão de ter sido inventada especialmente para o bom funcionamento da demonstração. É uma espécie de realidade asséptica que permite uma compreensão e uma interpretação única: a do problema enunciado. Além disso, o problema tende a ser apresentado junto com sua solução: o favelado de *Escola de Samba Alegria de Viver* toma consciência de sua alienação e troca o samba pelo sindicato. O resultado dessa estrutura dramática simplista não era um convite à politização, mas sim à passividade. Pois o espectador não tem de fazer o esforço de extrair um problema da realidade apresentada no filme: o problema está enunciado de modo tão categórico que não admite discussão; e, se se quisesse discuti-lo, a realidade do filme não forneceria elementos para tanto. O espectador tampouco tem de fazer esforço para imaginar uma solução: ela é dada. O espectador absolutamente não é solicitado a participar da obra; a única coisa que se exige dele é que sente em sua poltrona e olhe para a tela, nada mais. E só lhe resta uma alternativa: negar o filme ou entusiasmar-se com ele. O espectador encontra-se diante de um circuito fechado: a realidade só se abre para um único problema, que está apresentado esquematicamente; o problema tem uma única solução positiva, que também está apresentada esquematicamente — e a situação piora ainda quando a solução é tão discutível como no caso de *Escola de Samba Alegria de Viver*. O filme fecha-se sobre si próprio, e o espectador, limitando sua participação a aceitar ou recusar, fica de fora.

Tais posições evoluíram violentamente desde então, levando os autores de *Cinco vezes favela* a posições antagônicas às assumidas naquele filme. Longe de pensar que o problema consciência-alienação deva ser resolvido pela própria personagem, Leon Hirszman acha hoje que o melhor, para atuar sobre o público, é deixar a personagem alienada e levar tal alienação a um clímax. Diz Glauber Rocha: "Foi Leon quem me falou que a melhor forma de causar impacto para a desalienação era deixar as personagens naquele grau de alienação e evoluir com elas até o patético, um patético que provocaria um impacto tremendo, e por esse impacto criaria uma rebelião contra aquele estado de coisas, contra a alienação das personagens".[2] A assimilação da dramaturgia de Bertolt Brecht não está alheia à evolução dessas idéias.

Além do Rio de Janeiro, parece que *Cinco vezes favela* não encontrou exibição comercial. Quando apresentado, conseguiu comunicar-se apenas com um público, principalmente estudantil, que já estava pronto para aceitá-lo. Funcionou um pouco como um desafio estudantil ou como episódio festivo de um comício.

2. No livro *Deus e o Diabo na terra do sol*, 1965.

Mas é um filme que não encontrou seu público, e isso não somente por falta de distribuição comercial.

É bom que *Cinco vezes favela* tenha sido feito, e que tenha sido feito assim, porque possibilitou experimentar uma série de tendências. Em torno do filme discutia-se se o cinema devia ou não apresentar soluções, se era viável colocar um problema a um público e não apontar-lhe a solução. Discutia-se se se devia formular mensagens explícitas ou, ao contrário, se ater mais à análise, deixando ao público a liberdade de formular por si próprio os problemas. Preocupações infantis, que no entanto se justificam pela necessidade de uma comunicação imediata com o público, de uma ação urgente, e que também refletem atitudes que ultrapassam o âmbito do cinema. Discutia-se se o autor devia abdicar totalmente de suas inquietações pessoais, renunciar a fazer uma obra que o expressasse como artista, para dedicar-se a filmes sobre a realidade exterior — sacrificar o artista ao líder social.

BATE-PAPO COM LEON HIRSZMAN

Esse último era um problema dos mais graves, não apenas porque algumas pessoas sentiam-se coibidas por um princípio assim: um tal sacrifício equivaleria em parte a um suicídio. Em discussões acaloradas, reivindicavam alguns a liberdade de fazer filmes sobre taxidermia se assim o quisessem: recebiam a acusação de burgueses deterministas por pensarem que não podiam fazer filmes sem recorrer a sua sensibilidade individual. Os roteiros só deveriam ser filmados após ampla discussão coletiva, a fim de que não distorcessem a realidade e os aspectos pessoais não se sobrepusessem a uma visão crítica da sociedade brasileira: quem não quisesse submeter-se a essa medida não passava de mísero individualista; e Paulo César Saraceni escoiceava de indignação. Objetava-se que o filme corria o risco de tornar-se uma tarefa de encomenda, realizada friamente como um trabalho escolar, ficando o autor de fora de sua obra. Os filmes poderiam ter um conteúdo consciente que seria uma tomada de posição ante a realidade brasileira, mas essa realidade nunca seria atingida em profundidade, o que forçosamente viria a prejudicar o poder de comunicação das obras. Tais problemas foram hoje ultrapassados na prática, tendo certos diretores conseguido uma síntese entre vontade de expressão pessoal e tomada de posição diante da sociedade brasileira.

A primeira vez que entrevi a possibilidade de realizar-se essa síntese foi numa conversa com um dos autores de *Cinco vezes favela.* Conhecia pouco, naquela época, a Leon Hirszman. Falando sobre o filme de Naguissa Oxima, *Taiio no Hacaba,* Bosch e Goya, percebi o quanto Hirszman era ligado à idéia de destruição, de definhamento, o quanto era seduzido por processos de desintegração do homem, o que contrastava com a imagem de si próprio que Hirszman apresentava em público: um comportamento dos mais racionais e equilibrados, guiado por exclusivas motivações políticas. Hirszman contou-me dois argumentos que teria o maior interesse em filmar. Um deles dizia respeito ao trabalho nas minas de Criciúma, cidade branca: o trabalho provoca no mineiro, ao cabo de poucos anos, uma doença pulmonar, mortal e contagiosa; quando se considera que o mineiro não está mais em condições de trabalhar na mina, é devolvido à superfície e tem de procurar outro serviço. No entanto, não há outro serviço e ele não tem alternativa senão voltar à mina; existem minas especiais para esse efeito, em que só trabalham homens condenados: o único meio que esses trabalhadores encontram para sobreviver e alimentar suas famílias é morrer aos poucos. O outro argumento referia-se a algas em decomposição encontráveis no fundo de alguns pântanos da Amazônia. Tais algas, raras no mundo e utilizadas para fazer determinado remédio, são compradas caro por laboratórios norte-americanos; homens mergulham para apanhá-las, muitos não voltam; freqüentemente, os que voltam são assaltados e às vezes assassinados por ladrões que se apoderam dos frutos do mergulho e se encarregam da venda aos laboratórios. No entanto, nessa região em que as possibilidades de trabalho são escassas, seduzidos pelo alto valor das algas, há sempre candidatos ao mergulho, o qual não traz riqueza e resulta em geral na morte; mais uma vez, em sua tentativa de viver, o homem encontra a morte. Esses argumentos ofereciam a Hirszman simultaneamente a possibilidade de realizar filmes sobre seus demônios pessoais (tentativa de viver que resulta numa degradação da vida e na morte, os ambientes fechados, a prisão, a caverna) e sobre uma realidade subdesenvolvida, sobre a exploração do homem, sobre o imperialismo. As duas perspectivas se enriqueceriam mutuamente; esses temas possibilitariam uma evolução individual do autor e uma captação sensível e intuitiva, como que por dentro, do homem, de sua situação social, da paisagem etc. O resultado dependeria evidentemente de como seriam realizados tais filmes, mas os argumentos ofereciam possibilidades de evolução que o realismo *à la Cinco vezes favela* impedia. Leon Hirszman já conseguira esboçar de modo sugestivo esse impasse, da luta pela sobrevivência que leva à morte, em *Pedreira de São Diogo,* pois a favela era construída sobre a pedreira. O trabalho (a sobrevivência) consistia em extrair as pedras que sustentavam os barracos.

Marginalismo

Se, para abordar esses problemas, *Cinco vezes favela* foi escolhido como bode expiatório, não é por ser ele o único filme que os coloca: são problemas de todo o cinema brasileiro, mas essa fita os coloca de modo quase caricato. *Cinco vezes favela* é uma fase do cinema brasileiro visto pelo microscópio. É quase o símbolo da crise cultural brasileira que cineastas, poetas, romancistas, homens de teatro, artistas plásticos tentam resolver pelo populismo, que é a manifestação cultural do presente momento social e político do Brasil.

Os fatos demonstraram que a fraca e idealizada *burguesia nacionalista* não tinha condições de promover o desenvolvimento do Brasil; seus compromissos com o capital estrangeiro e seu receio de que a massa, cuja pressão se acentuava, viesse a adquirir uma força que não mais pudesse controlar, limitavam sua ação. Por outro lado, necessitava do apoio popular e praticava uma aparente política liberal que possibilitava a ascensão da massa. Entre esses dois fogos — massa e burguesia —, os artistas não tinham alternativa: só podiam escolher a massa, tanto mais que a resolução de alguns dos problemas do povo, como a elevação do poder aquisitivo e a conseqüente ampliação do mercado interno, viria a fortalecer a burguesia industrial. Portanto, existia a possibilidade de falar ao povo, de resolver os problemas do povo, de dar cultura ao povo, num sentido que viesse a favorecer a burguesia. Isso, no entanto, seria por demais perigoso se não se tomassem as devidas precauções, e a burguesia nacionalista vai forjar um conceito de povo que resolva todas as dúvidas e que será integralmente encampado pelo cinema brasileiro. *Quem é povo no Brasil?* Responde Nelson Werneck Sodré: todos os grupos sociais "empenhados na solução objetiva das tarefas do desenvolvimento progressista e revolucionário" do país. Eliminam-se do *povo* a burguesia representante dos capitais estrangeiros e os latifundiários; integram-se os operários, os camponeses e a parte da alta, média e pequena burguesia que é desvinculada do imperialismo e que se outorga a função de líder. Eliminam-se também, no mesmo ato mágico, os conflitos entre a burguesia industrial nacionalista e os trabalhadores urbanos e rurais. A burguesia industrial é tabu, e os cineastas brasileiros tomarão os devidos cuidados para que ela não seja posta em questão nos filmes, e para que tampouco apareçam os operários, que não poderiam deixar de ser relacionados com a burguesia, tudo isso sem ferir a orientação política dos líderes de esquerda.

Outrossim, quem faz arte no Brasil são setores de uma classe média que não conseguiu elaborar para o país um projeto de evolução econômica e social. É uma classe marginal em relação à burguesia e ao proletariado e campesinato, e ela não tem força para questionar esse marginalismo. A vanguarda da classe média, por intermédio de seus artistas, vai tentar encontrar raízes, adotando perspectivas populares, assimilando e reelaborando aspectos da cultura popular e folclórica. Era um terreno fértil para o desenvolvimento da tese conforme a qual são proletários não apenas aqueles, operários ou camponeses, que são assalariados, mas inclusive todos aqueles que adotam a perspectiva social da classe operária. Desde que não se precise em que consista essa adoção de perspectiva, o pequeno-burguês está encaixado. A classe média vai ao povo. Paternalisticamente, artistas, estudantes, cepecistas vão fazer cultura para o povo. "Quando se fala em cultura popular, acentua-se a necessidade de pôr a cultura a *serviço do* povo... Em suma, deixa-se clara a separação entre uma cultura desligada do povo [...] e outra que se volta *para* ele": assim expressa Ferreira Gullar,[3] como tantos outros, essa atitude; algumas páginas depois, numa tentativa de corrigir a evidente contradição, acrescenta, como tantos outros: "não apenas produzindo obras *para* ela [a massa] como procurando trabalhar *com* ela" (os grifos são de FG), o que não altera em profundidade a atitude fundamental e só vem exteriorizar uma má consciência que quer esconder-se. Esse sistema da cultura *para* é excelente porque, ao mesmo tempo que possibilita uma elevação, mais teórica que real, do nível cultural do povo, permite que se difunda apenas aquilo que interessa difundir, ou seja, o que interessa à pequena burguesia e à grande, que controla integralmente a primeira. Assim, vemos que, por exemplo, as questões de apontar ou não soluções aos problemas colocados, ou formular mensagens explícitas, não eram realmente questões de dramaturgia, mas antes manifestações de uma atitude paternalista cuja finalidade é controlar a massa.

E, paternalisticamente, o cinema brasileiro vai tratar dos problemas do povo. Proletários sem defeitos, camponeses esfomeados e injustiçados, hediondos latifundiários e devassos burgueses invadem a tela: a classe média foi ao povo. O fenômeno não é novo, é cíclico: ocorre sempre que a pequena burguesia, marginalizada, não pode mais confiar integralmente numa burguesia sem perspectiva. Vamireh Chacon comenta: "Nos últimos tempos surgiu

3. *Cultura posta em questão,* escrito em 1963. Os grifos são meus.

uma nova tendência: uma *ida ao povo*, quase nos moldes dos populistas russos do fim do século passado, como Lavrov".[4] Os românticos franceses "se entusiasmaram com esses *operários poetas*. Alexandre Dumas, Lamartine, Alfred de Vigny, George Sand os recebem em seus salões, e George Sand chega a escrever ao pedreiro Charles Poncy: 'Você pode vir a ser o maior poeta da França...' [...] Durante alguns tempos, ficar-se-á *de joelhos diante do operário*, que se torna uma personagem importante e nova na vida econômica, política e cultural do país": há pouco a mudar nessas palavras de Benigno Cacérès,[5] para adaptá-las à situação brasileira.

Um povo sem operários, uma burguesia sem burgueses industriais, uma classe média à cata de raízes e que quer representar na tela seu marginalismo, mas sem se colocar problemas a si própria e sem revelar sua má consciência: isso dá um cinema cujo herói principal será o lumpemproletariado. A favela será a melhor frente de batalha: o favelado é um marginal social, é um pária, acusa a sociedade vigente através de sua indigência, e portanto não obriga a encarar abertamente problemas de lutas operárias. Proliferam (termo extremamente relativo: não significa que haja muitos filmes, mas que sejam *relativamente* numerosos; devido ao fraco desenvolvimento do cinema brasileiro, as tendências devem ser detectadas através de uma quantidade insuficiente de filmes; proliferam, portanto) os filmes de favela. Além de *Cinco vezes favela* e de inúmeros filmes de curta-metragem, citemos os amores do mocinho cansado *Gimba* (Flávio Rangel, 1963), os cúmplices de *O assalto ao trem pagador* (Roberto Farias, 1962), os marginais baianos de *A grande feira* (Roberto Pires, 1962) ou, também, *Os mendigos* (Flávio Migliaccio, 1962). Se argentinos filmam no Brasil, os conflitos políticos e religiosos de *Pedro e Paulo* (Angel Accia-

4. *História das idéias socialistas no Brasil*, 1965.
5. *Histoire de l'éducation populaire*, 1964.

resi, 1962) serão ambientados na favela; os franceses: a favela abrigará os amores míticos de *Orfeu do Carnaval* (Marcel Camus, baseado em peça de Vinicius de Morais, 1959), e *L'homme de Rio* (Philippe de Broca, 1964) não deixará de fazer uma visitinha à favela; o *charme* de crianças faveladas também seduzirá o sueco Sucksdorf: *Fábula em Copacabana.* Favelada também a italiana Claudia Cardinale de *Una rosa per tutti.* A favela é tanto um palco para o teatro de revista de *Orfeu do Carnaval* como para os montes de lixo de *Um favelado.* O festival de cinema amador lançado pelo *Jornal do Brasil* em 1965 mostra que a favela continua sendo, para os jovens que se iniciam no cinema, um local predileto, como testemunham *Escravos de Jó* (Xavier de Oliveira, 1965), *Infância* (Antônio Calmon, 1965), *Garoto de calçada* (Carlos Frederico Rodrigues, 1965) etc.

A esses marginais opõem-se outros: os grã-finos. Assim como os primeiros são geralmente bons e, se perturbam a ordem ou atacam a propriedade, sua condição social justifica tudo — precisam comer (*Um favelado, O assalto ao trem pagador*) —, os outros são definitivamente maus. As representações da alta burguesia são em geral deliciosos quadros primitivos. Os cineastas que reconstruíram os ambientes grã-finos nada sabem sobre eles, e isso, aliado à necessidade de uma apresentação crítica, resulta em bonecos que têm ora uma cara má e fechada, ora o riso do cinismo e da libertinagem; vivem em ambientes acintosamente ricos e de mau gosto; são cercados por quadros abstratos, livros franceses, compridas piteiras, uísque e mulheres fáceis, carros conversíveis cheios de louras. O grileiro de *Zé da Cachorra* é encontrado em seu *living-room* pelos favelados, que vêm reclamar a respeito de seu barraco, com uma mulher seminua, em companhia de seu filho, cuja amante também está seminua, e o filho pergunta ao pai se sabe a que hora volta a mãe. Um filme de esquerda que vai buscar sua concepção da alta burguesia em Nelson Rodrigues. Trata-se de expor os grã-finos à depreciação pública. Essa visão ingênua e nada realista do grã-finismo resulta da exclusiva imaginação dos autores e não esconde a secreta aspiração, que permanece viva em qualquer grupo pequeno-burguês, de, um dia, alcançar esse nível de vida. Com um gosto um pouco mais sóbrio, mas na mesma linha, é esse o retrato da alta sociedade que encontramos nos filmes de Walter Hugo Khouri, ou em *O assalto ao trem pagador, A morte em três tempos* (Fernando Campos, 1965), *Encontro com a morte* (do português Artur Duarte, 1965), *Os vencidos* (Glauro Couto, 1964) ou... Mas, evidentemente, atrás dessa sátira epidérmica, a burguesia permanece intacta, sem um arranhão.

A GRANDE FEIRA

Mas, entre esses dois extremos, entre o favelado e o grã-fino decadente: nada. Tal vontade de omitir a classe média, os comerciantes, os trabalhadores, fica patente em *A grande feira*. Os feirantes de Água de Meninos são ameaçados de despejo por uma empresa imobiliária que pretende lotear o terreno; os moradores da feira permanente lutam para conservar o terreno. A fita apresenta-se como uma crônica da cidade de Salvador. Glauber Rocha, o produtor executivo, diz-nos que a fita "pretende ser [...] uma crônica sem preconceitos da província", e o crítico baiano Orlando Sena fala de um "afresco brechtiano da sociedade baiana e brasileira". O desenvolvimento da cidade deve-se ao comércio e ao petróleo; nos últimos anos tem-se desenvolvido o movimento do porto, a rede bancária, o grande e o pequeno comércio. Grande parte da atividade sindical e da luta popular deve-se aos portuários e aos operários da Petrobras. O produtor e roteirista da fita, Rex Schindler, é um profissional liberal, médico. O diretor, Roberto

Pires, também provém da pequena burguesia. Pois bem, nessa crônica da cidade (a imagem final do filme, o elevador Lacerda, é um símbolo que se refere não à feira, mas sim ao conjunto da cidade), o pequeno-burguês, o comerciante, o profissional liberal sumiram completamente, a não ser que essa camada seja representada por um cronista social que, em breve aparição, tem um comportamento estúpido contra um feirante e busca a proteção da polícia — já que se deve excluir o marido da grã-fina entediada, pois, embora advogado, representa no filme a alta sociedade. Sobram apenas os grã-finos (que não são introduzidos pela ação da fita, mas por intermédio de uma mulher entediada da alta sociedade que tem relações amorosas com um marinheiro), a presença do imperialismo por intermédio dos reservatórios da Esso cuja marca domina a feira, e os marginais da feira. Embora se realize um trabalho real na feira, pois há comércio, esse também não aparece, e a representação do povo está a cargo de vadios, ladrões, mendigos, prostitutas, assassinos, que giram em torno de um ladrão generoso e anarquista, Chico Diabo.

A fita é socialmente polêmica: além de abordar a estrutura geral da sociedade brasileira, toca numa série de assuntos: condição da mulher, demagogia eleitoral, política petrolífera (até para a grã-fina, o petróleo é nosso), cita de leve o racismo, a revolução cubana e os mau-mau, sendo o mais importante de todos o problema da ação: pela violência ou por via sindical? O problema é agudo, mas afastado. Chico Diabo, a personagem masculina mais sedutora e que goza da simpatia dos autores e dos espectadores (principalmente graças à personalidade de seu intérprete, Antônio Pitanga), pretende tocar fogo nos tanques da Esso, destruindo tanto a Esso quanto a feira: é sua revolta. Não encontra quem concorde com essa decisão irracional, mas quase alcançará seu objetivo; só no último momento é que Maria (Luísa Maranhão), sua amante, conseguirá jogar no mar as bananas de dinamite, mas a explosão a mata; o povo revolta-se contra Chico, tenta enforcá-lo, chega a polícia; por essas e outras, Chico pegará trinta anos de cadeia. A revolta de Chico acabou num crime; matou Maria; é ameaçado de morte pelos companheiros, que, juntamente com seus criadores, o abandonam à polícia. A ação violenta, além de tendenciosamente colocada, pois Chico não tem nem lógica, nem perspectiva, nem liderança, é sumariamente condenada. Então, é de se esperar que os autores prefiram a ação sindical, pacífica e por via legal. Mas o líder sindical é uma personagem esporádica, sem consistência, que nunca chega a se afirmar e que se perde na multidão das figuras secundárias; encontramo-lo no filme em alguns bate-papos e nunca em ação. Sua fala revela que os autores ignoram o que possa ser um líder sindical e o assimilam a um estudante de direito com tendências esquerdizantes. Basta citar a frase: "Como vai esse individualismo ferrenho?",[6] que anuncia sua entrada num bar da feira de Água de Meninos. Vale dizer que a perspectiva sindical é omitida. Aliás, no filme seguinte dos mesmos produtores, roteirista e diretor, *Tocaia no asfalto* (1962), a mudança da sociedade por via pacífica está a cargo de um jovem deputado estadual idealista e recém-egresso da Faculdade de Direito, que pretende opor uma Comissão Parlamentar de Inquérito à politicagem e à violência dos latifundiários. Portanto, fica claro que os autores sentem os desequilíbrios da sociedade brasileira mas não sabem identificá-los, sentem que precisam agir mas ficam desorientados diante da ação.

Essa análise do anarquista (condenado) e do líder sindical (sem significação) coloca em primeiro plano uma personagem que, sem ser secundária, tem um papel paralelo à ação e que me parece ser o verdadeiro e único embaixador da classe média: o marinheiro Rôni, dito o Sueco (Geraldo del Rey). O fato de ele ser

6. Do livro *A grande feira*, 1962.

marinheiro, de não conseguir se fixar, de procurar sempre outras bandas, de chegar no início do filme e ir embora no fim, o aproxima de uma personagem característica de um outro movimento cinematográfico. O marinheiro, o barco, a viagem representam a impossível ilusão do *realismo poético* anterior à II Guerra Mundial: também era um populismo, uma expressão de marginalismo de um setor da sociedade francesa; só que esses cineastas procuravam deliberadamente a fuga. "Já me acostumei a vagar de porto em porto" ou "Eu nunca fui homem de me fixar em lugar nenhum" são frases que poderiam ser pronunciadas por personagens de Marcel Carné. Em realidade, Rôni não é incapaz de interessar-se pela sorte dos feirantes: declara repetidamente estar preocupado com a situação e chega a participar ativamente de um comício promovido por algum candidato a deputado estadual; no entanto, mantém-se afastado dos representantes dos dois pólos políticos da feira: o anarquista e o líder sindical. O interesse de Rôni pela situação não o leva a agir, nem a se integrar na comunidade, nem a sair de seu papel de espectador. E, para caracterizar sua atitude, diz: "Se essa gente fosse fazer uma revolução aqui mesmo, eu ficava". Essa frase revela sua incapacidade de agir e a facilidade que há em deixar os outros fazerem aquilo que a gente não quer, não sabe ou não pode fazer. Essa frase é ainda mais reveladora se se considerar que Rôni, como os autores do filme, encontra-se entre a alta sociedade e o *povo*: é simultaneamente amante da grã-fina Ely (Helena Inês) e de Maria da Feira. Isso em absoluto não significa que Rôni seja em *A grande feira* o símbolo da classe média, mas que a personagem tem na estrutura dramática da fita a mesma posição que a classe média na estrutura da sociedade. Dotado Rôni de uma consciência crítica de sua situação e de sua atitude, teria adquirido nova dimensão e se tornado uma personagem da maior importância para o cinema brasileiro. Tal como está, representa pouco mais que uma leve intuição dos autores. No entanto, de jeito nenhum se deve subestimar a importância dessa fita de 1962, pois, embora desorientada, é uma fita de protesto, mesmo que se limite a apresentar o problema da Esso que paira sobre a cidade como um símbolo. *A grande feira* não representa uma fuga em relação à problemática social. Se os verdadeiros problemas são eliminados, isso se deve evidentemente a Rex Schindler e Roberto Pires, mas também a toda uma conjuntura social de que os autores se fizeram os porta-vozes pouco lúcidos. O filme está bem longe do cinema revolucionário que o entusiasmo de alguns (deve-se excetuar o crítico baiano Wálter da Silveira e o cineasta Alex Viany) quis ver em *A grande feira* quando de sua apresentação.

Outra fita, essa ruim e desprezível, que manifesta uma tendência idêntica, é *Os vencidos*. Um grã-fino daqueles (Jorge Dória), também oriundo das peças de Nelson Rodrigues, homossexual e enlouquecido pelo dinheiro e pelo luxo, quer despejar pescadores que construíram seus barracos numa praia que lhe pertence, e recusa um entendimento com o advogado que os pescadores lhe enviam. Além disso, uma mulher de pescador, grávida, está passando mal. Precisa ser transportada ao hospital. Não há ônibus. Só o carro do grã-fino. Entre os dois grupos, a amante do grã-fino (Anick Malvil) serve de hífen: apaixona-se por um belo e meigo pescador (Breno Melo). Os dois vão tentar obter o carro. Não conseguem. Um pescador, a quem olhos amendoados e focos de luz de baixo para cima dão uma máscara diabólica, quer resolver o caso na marra; chega a um corpo-a-corpo com o grã-fino, e, com a bênção da natureza que intervém sob forma de uma tempestade, ambos morrem. Os dois extremos foram condenados; sobram os intermediários: o burguês que aceitaria colaborar com grupos sociais inferiores, resolvendo alguns problemas, e o pescador que nada quer da burguesia a não ser a resolução desses mesmos problemas, que em nada alteram nem a condição do burguês nem a do pescador. Paul Singer diz que a pequena burguesia "assume uma atitude eclética de 'nem tanto à terra, nem tanto ao mar', de hostilidade aos *extremismos*": *Os vencidos* é a perfeita ilustração desse comportamento.

Do marginalismo de *A grande feira* ao mais completo conformismo de *Os vencidos* há um passo apenas. Ao não querer encarar os problemas pela frente, ao se comprazer na representação de seu marginalismo, o cineasta é levado a fazer filmes que se omitem e aceita a situação vigente, opondo-se somente àquilo a que se opunha o governo que estava no poder quando os filmes foram feitos. Tal situação poderá modificar-se quando for possível abordar o proletariado, o campesinato atual, a burguesia industrial dita nacionalista e a pequena burguesia. Enquanto esses grupos sociais permanecerem fora do alcance do cinema, os filmes brasileiros não abordarão os reais problemas do país. Populismo e marginalismo não datam de hoje no cinema brasileiro; já estavam presentes antes da revolução de 1930. O moralismo de José Medina, por exemplo, operava ora nos círculos da alta sociedade paulistana, em *Exemplo regenerador* (1918/21), ora, em *Fragmentos da vida* (1929), entre vagabundos que viviam de expedientes, tendo sido sumariamente eliminado o pedreiro que aparecia no início do filme.

CRIANÇAS, CANGACEIROS E OUTROS

Essa mesma vontade de expressar o marginalismo levou o cineasta a procurá-lo em outras fontes, motivo pelo qual as crianças invadiram a tela. Na sociedade dos adultos, a criança é marginal. Não é responsável pelo estado em que se encontra a sociedade. É objeto, e não sujeito. E, o que é importante, embora sofra os problemas sociais, não tem consciência deles e não agirá para resolvê-los. Finalmente, a criança, um dia, virará adulto e poderá agir, fazer o que não está sendo feito hoje: nota de esperança em relação à sociedade futura. Assim é que o menino favelado, alva inocência e maior vítima, é o delfim do cinema nacional. Enquanto os *Meninos do Tietê* (Maurice Capovilla, 1963) fazem o aprendizado da vida com brinquedos mortais, o piegas *Menino da calça branca* (Sérgio Ricardo, 1963) vê seu sonho no mesmo dia realizado e desmanchado, os meninos de *Couro de gato* (Joaquim Pedro, 1961) caçam gatos e os entregam, inclusive quando por eles se apaixonam, para que se façam tamborins com sua pele para os festejos carnavalescos, e o saborosíssimo anarquismo buñuelesco de *Moleques de rua* (Álvaro Guimarães, 1960) rejeita tanto a alta sociedade quanto a favela, a Igreja e o trabalhador pobre, humilde e humilhado. Tais fitas são de curta-metragem, mas a criança favelada, embora não tenha constituído assunto para filmes de longa-metragem realizados por brasileiros nos últimos anos, tem seu papel de destaque em alguns; serve, por exemplo, de pontos de interrogação na introdução e na conclusão de *Gimba,* enquanto introduz a palavra *inferno* em *Vidas secas.* Foi sem dúvida o *Rio 40 graus* de Nélson Pereira dos Santos que lançou em 1955 o tema da criança favelada no cinema brasileiro: os engraxates favelados, ora tristes, ora alegres, eram o verdadeiro centro dessa sociedade múltipla retratada pelo filme, bem como sua vítima indefesa. Embora tudo indique que nestes últimos tempos a criança vem perdendo prestígio, assim mesmo foi personagem de destaque em 1965 no festival de cinema amador do *Jornal do Brasil*: *Escravos de Jó, Infância* e *Garoto de calçada.* O *Menino de engenho* olha espantado o mundo ruindo em torno dele, e a última pessoa com quem o Marcelo de *O desafio* se encontra no fim do filme é uma menina pobre e suja. Embora menos que a criança, a mulher também está à margem de uma sociedade masculina. Para expressar o marginalismo, tem sido menos utilizada que a criança, mas tem aparecido algumas vezes com esse sentido, principalmente em *Porto das Caixas* (Paulo César Saraceni) e *A falecida* (Leon Hirszman).

Outros marginais que não poderiam deixar de seduzir os cineastas são os cangaceiros e os beatos nordestinos, personagens de um dos filmes mais importantes, *Deus e o Diabo na terra do sol,* como de uma série de filmes comerciais, geralmente tecnicoloridos, produzidos e realizados por cineastas do Sul do Brasil. Citemos, entre outros, as superproduções de Osvaldo Massaini, *A morte comanda o cangaço* (Carlos Coimbra, 1960) e *Lampião, rei do cangaço* (Carlos Coimbra, 1963), ou os mais modestos *Três cabras de Lampião* (Aurélio Teixeira, 1962) ou *Nordeste sangrento* (Wilson Silva, 1962); o cangaceiro também é assunto de documentário em *Memória do cangaço* (Paulo Gil Soares, 1965). A personagem não é recente no cinema brasileiro: já aparece em filmes pernambucanos de 1925/27 (*Filho sem mãe* e *Sangue de irmão*), num momento em que o cangaceirismo ainda não era fenômeno do passado. Nesses filmes, o cangaceiro parece ter papel secundário, mas já é personagem central num filme de ficção de longa-metragem, *Lampião, fera do Nordeste,* realizado na Bahia em 1930, antes da morte de Lampião. É, no entanto, Lima Barreto, com *O cangaceiro* (1953), filme de aventuras realizado no interior do estado de São Paulo, quem inaugura o ciclo e delineia os principais traços que ficarão caracterizando o cangaceiro no cinema comercial. Numa visão romantizada da história, o cangaceiro é em geral filho de camponês, que, para vingar uma ofensa praticada por um proprietário de terra ou pela polícia, se torna bandido: passa a viver de violência; agregam-se a ele outros que, por motivos similares, não podem continuar a aceitar as condições de vida que são as do camponês nordestino.

O cangaceiro é um revoltado contra a organização social da região em que vive; à margem da sociedade, passa a atacá-la. Mas sua revolta é anárquica: ela visa destruir, eventualmente proteger os camponeses desamparados, mas nada propõe. O fanatismo, que congrega muito mais gente que o cangaceirismo, tem a mesma origem: camponeses insatisfeitos seguem o beato cujas profecias anunciam um mundo de fartura e de justiça mediante o sofrimento terreno. Trata-se também de uma revolta desorganizada: não se tem consciência de que há uma revolta contra um determinado estado de coisas e também não se propõe mudar coisa alguma. A solução encontrada para essa revolta inconsciente é a alienação na violência ou no misticismo histérico, que sempre representam uma alternativa para a vida de camponês semiescravo.

Fanáticos e cangaceiros oferecem portanto um material de primeira qualidade para um cinema que quer representar o marginalismo desde que eliminadas suas implicações sociais. Completamente desligado de sua significação social, o cangaceiro é o bandido de honra, cujo sadismo se reveste de romantismo, e que tem seus momentos de poesia ao luar. Além da violência e da honra, importa no cangaceiro cinematográfico que ele não se fixe, não tenha pouso certo e sua vida seja uma andança; ele vai de aventura em aventura. Em *Três cabras de Lampião* ou *Quelé do Pajeú* (Lima Barreto, roteiro, 1965), é em torno da marcha (ou do passeio) pelo Nordeste que se organizam os episódios do filme.

A violência, o cavalo, os grandes descampados e a falta de tradição cinematográfica no Brasil: mais nada era preciso para transformar em filial do *western* norte-americano o filme de cangaceiro, que Salvyano Cavalcanti de Paiva chama de *nordestern*. Após cruentos espancamentos, tortura, rios de sangue, indivíduo atado a um cavalo e arrastado no chão (o filme de cangaceiro se compraz numa violência não raro gratuita), após amores eróticos ou românticos, o cangaceiro ruim morre, enquanto o bom deixa o cangaço e vai à igreja: essa é a conclusão de *Três cabras de Lampião*. O último roteiro de Lima Barreto é característico do gênero: numa atmosfera vagamente mística, onde paira o destino, o cangaceiro Quelé do Pajeú é pura honra e coragem; após umas cenas eróticas com uma mulher "sedenta de sexo", umas cenas de violência em que Quelé mata a sangue-frio ou corta um pedaço de lombo num boi vivo, ele gentilmente se submete ao inquérito de um policial, também muito gentil, tudo isso com o maior desprezo pelo mais elementar realismo. *Entre o amor e o cangaço* (Aurélio Teixeira, 1965) sintetiza maravilhosamente toda a problemática do ciclo do cangaço. Joviano (Geraldo del Rey) quer casar e trabalhar, viver tranqüila e honradamente no sítio adquirido pelo árduo trabalho do pai, mais nada. Vira cangaceiro porque um coronel mata seu pai para apoderar-se do sítio. Mas bate a saudade da noiva e daquela vida que se aprontava para viver, e Joviano volta ao sítio. Após peripécias, consegue pôr o sítio em ordem, casar, e lhe nasce um filho: sob a proteção dos cangaceiros, Joviano é um pequeno proprietário e um pai de família feliz e realizado. E morrem os extremos: o poderoso coronel e o terrível chefe do bando de cangaceiros. Marginalismo, rebeldia inconsciente contra a situação social, violência sem matizes políticos, dignidade romântica e moralismo, tudo isso em relação a um fenômeno já passado, sem compromisso com o presente: é natural que o cangaceiro tenha oferecido ao grande público possibilidades de identificação. A revista *O Cruzeiro* (número de 21/8/1965) expressa o que certamente fez o sucesso do filme de cangaceiros junto ao grande público: se, por um lado, "o cangaço [...] encarnou a rebeldia do homem do campo contra aqueles que lhe impunham condições sub-humanas de vida [...], por outro lado, a história do cangaço é uma história *à parte* da História do Brasil" (os grifos são meus). Será necessário esperar *Deus e o Diabo na terra do sol* para ter uma visão mais realista do cangaceiro e do beato.

Para expressar o marginalismo, recorreu-se a outros grupos sociais: o camponês está fora do circuito da evolução social e atravessa o sertão em direção ao Sul em *Seara vermelha* (Alberto d'Aversa, 1963). Vladimir Herzog encontrou um dos mais marcantes símbolos de marginalismo no documentário *Marimbás* (1963), os quais não são pescadores, mas vivem da pesca; dão uma mão aos pescadores na praia, e em troca recebem uns peixes.

ASPIRAÇÕES DO MARGINAL

Marginalidade, dignidade romântica e moralismo reaparecem na personagem central dos filmes de Roberto Farias, que tem entretanto uma característica nova: ele não se sente bem na pele de marginal e luta desesperadamente para integrar-se na sociedade. Essa luta para a integração representa um choque com a sociedade, pois essa é antes de mais nada um mecanismo feito para esmagá-lo. O favelado Tião Medonho (Eliezer Gomes) em O *assalto ao trem pagador* (1962), privado do conforto que a sociedade oferece a seus membros mais abastados, rouba e enfrenta em seguida a polícia, sistema de proteção da sociedade. O ladrão de mate (Reginaldo Farias) de *Selva trágica* (1964) é apanhado e escravizado, como todos os outros trabalhadores, pela Companhia. O malandro (Reginaldo Farias) de *Cidade ameaçada* (1960) é um objeto nas mãos da sociedade: a imprensa faz dele um temível bandido e ele não tem outra solução senão assumir o papel que lhe é imposto. Roberto Farias vê de modo um tanto esquemático as relações entre esse indivíduo e a sociedade, chegando a recorrer, em *Selva trágica*, aos piores chavões do realismo socialista. Nos filmes de Roberto Farias, esse indivíduo não aceita a opressão social nem o papel que a sociedade lhe impõe e reage pela ação. A reação consiste em geral em tentar constituir, por meios ilegais, um lar razoavelmente confortável e em encontrar um equilíbrio sentimental e familiar. Longe da cidade, a noiva do malandro de *Cidade ameaçada* aluga uma casinha, põe cortinas nas janelas e compra panelas. A reação de Tião Medonho, que compra uma geladeira, tem o mesmo sentido. É uma tentativa de integrar-se nas normas da sociedade. Mas a polícia desmantelará qualquer tentativa feita no sentido de um estabelecimento pequeno-burguês, pois ladrões, malandros, favelados não pertencem à classe à qual esse estabelecimento é facultado. Em *Selva trágica*, a reação da personagem não é tão precisa: trata-se de uma fuga para um futuro desconhecido num outro país. Se não encontramos aí tentativa de montar uma casa, o mesmo tipo de aspiração se revela: o ladrão quer casar com uma moça virgem; um capataz, ao deflorar a moça, aniquila as aspirações éticas do rapaz, pois o casamento nunca mais poderá ser um verdadeiro casamento. Aí a sociedade esmaga uma possibilidade de realização no plano de uma moral média tradicional. O resultado é o mesmo nos três casos: os guardiões da sociedade matam o indivíduo marginal que tentou integrar-se.

Em *O assalto ao trem pagador*, a personagem tenta também uma outra reação. A malta dos bandidos favelados é dirigida por Grilo (Reginaldo Farias), um indivíduo que não pertence à favela, que aspira viver nos moldes da alta burguesia, cuja amante é uma grã-fina carioca. Grilo tem portanto um pé na favela e um pé no grã-finismo; quando os favelados percebem que Grilo os engana e se aproveita deles, eles o matam. É uma reação violenta, que é uma tentativa de libertação. Roberto Farias mata Grilo também porque as aspirações dele não se dirigem à classe média, mas sim à alta sociedade.

O marginal está na impossibilidade de concretizar seu sonho de integração, e Roberto Farias tenta superar o impasse da personagem transformando-a em herói. Essa heroização resulta também da simplificação da relação indivíduo-sociedade, ficando um totalmente bom e a outra má; e resulta da necessidade de identificação do diretor e do público com o marginal de aspiração pequeno-burguesa em choque com a sociedade. Essa heroização faz do marginal um indivíduo de alto padrão moral: ele é corajoso, honrado, generoso. É um homem forte, modelo de masculinidade. O ladrão de *Selva trágica* chega a um momento de comunicação com seu mais imediato inimigo, um capataz (Maurício do Vale), justamente porque eles se encontram no plano do ideal masculino. O marginal heroizado não pode senão morrer no fim do filme, e sua morte é a extinção de uma força da natureza. Tião Medonho arranca o curativo que lhe cobre o peito e seu grande corpo preto, agitado por uma respiração sincopada, expira. O ladrão de mate, baleado num descampado, morre com toda a ênfase que exige a circunstância.

Diálogo com os dirigentes

Tais filmes mostram as chagas da sociedade brasileira: o povo é explorado, não tem condições mínimas de vida; se o país evolui, o povo não toma conhecimento dessa evolução. Aparentemente, são filmes feitos para o povo, mostrando-lhe sua situação e incitando-o à reação.

Essa intenção era utópica: os filmes não conseguiram travar diálogo com o público almejado, isto é, com os grupos sociais cujos problemas se focalizavam na tela. Se os filmes não conseguiram esse diálogo é porque não apresentavam realmente o povo e seus problemas, mas antes encarnações da situação social, das dificuldades e hesitações da pequena burguesia, e também porque os filmes se dirigiam, de fato, aos dirigentes do país. É com estes últimos que os filmes pretendiam dialogar, sendo o povo assunto do diálogo. É aos dirigentes que se apontam as favelas e as condições subhumanas de vida. Aqueles também são homens! Isso não pode continuar! Senhores governantes, façam alguma coisa!

Glauber Rocha opôs-se a essa orientação. A idéia talvez mais importante de sua *Revisão crítica do cinema brasileiro* é que os filmes brasileiros não devem denunciar o povo às classes dirigentes, mas sim denunciar o povo ao próprio povo. Por enquanto, apenas uma idéia.

Um dos recursos de que se vale amiúde o documentário é característico dessa atitude e consiste em confrontar uma determinada realidade com as teses oficiais existentes a respeito, a fim de sugerir que estas são obsoletas, não evoluíram com a realidade e precisam atualizar-se. Leon Hirszman inicia *Maioria absoluta* (1964) entrevistando algumas pessoas marcadamente burguesas, cujos depoimentos justificam, sem nunca alcançar o nó do problema, a impossibilidade de deixar votar os analfabetos; a continuação do filme desmoraliza essas idéias: os burgueses precisam pôr-se em dia com a realidade. Encontramos o mesmo recurso na primeira parte de *Memória do cangaço,* quando o professor Estácio de Lima expõe que ser ou não cangaceiro é problema de glândulas. A idéia parece-nos tão esdrúxula que não era necessário acrescentar coisa alguma para desmoralizá-la. Mas onde o recurso é mais sensível, pois chega a constituir a própria estrutura do filme, é em *Artigo 141* (José Eduardo M. de Oliveira, 1964), em que vistas de uma favela são acompanhadas, na faixa sonora, pela leitura de fragmentos do artigo 141 da Constituição Brasileira, o qual afirma a igualdade de direitos entre os homens e recomenda que haja escolas para todas as crianças, que o povo tenha participação no lucro das empresas etc. O filme limita-se a denunciar o não-cumprimento do referido artigo e reclama sua aplicação, e assim se dirige sobretudo àqueles que criaram o artigo 141 e não o aplicaram, pois, para os favelados, pouco importa que exista ou deixe de existir o bondoso artigo.

O PAGADOR DE PROMESSAS

Essa é a atitude assumida pelo filme que mais sucesso oficial obteve: *O pagador de promessas* (Anselmo Duarte, 1962). Em Salvador, o padre Olavo (Dionísio Azevedo) impede Zé do Burro (Leonardo Vilar) de cumprir sua promessa junto a santa Bárbara, por ter sido feita num terreiro de candomblé. Zé é representante do povo, enquanto o padre, com a colaboração de um bispo e de um delegado de polícia, representa a autoridade constituída. Esta é intransigente e impede o povo de realizar suas vontades. A impossibilidade de diálogo entre o sino da igreja e o berimbau cria uma tensão que se resolve com a morte de Zé, que é colocado na cruz com a qual a massa arrombará a porta da igreja. A situação poderia ter recebido um tratamento ligeiramente irônico, conforme a interpretação de Sábato Magaldi,[7] mas é, no filme, levada seriamente, e até de um modo um tanto enfático. A morte de Zé é um catalisador, possibilitando que o povo se una e recorra à força para obter o que quer. O povo é vitorioso. O padre é derrotado. Tal vitória consiste em ter Zé do Burro ingressado na Igreja; após essa vitória, o povo passa a participar da vida da Igreja. Para que tal acontecimento possa ser considerado vitória, é necessário que o povo, no filme, reconheça a validade da Igreja; que ele aceite a Igreja tal como é e considere solução de seus problemas o fato de participar dela. É evidente que a participação popular modificará, lentamente e por dentro, a Igreja. Não é menos evidente que outras soluções possam existir: que o povo queira colocar-se no lugar dos dirigentes da Igreja; que o povo não reconheça a Igreja e queira destruí-la, ou erguer, paralelamente a ela, sua própria Igreja. Nada disso acontece: a Igreja e seus dirigentes são reconhecidos; solicita-se simplesmente a eles que integrem o povo.

O pagador de promessas é um apólogo: basta substituir a Igreja pelo governo e teremos um retrato da linha política que certos setores da esquerda vinham adotando na época em que o filme foi realizado — e continuam adotando. O governo e os dirigentes são

7. *Panorama do teatro brasileiro*, 1962.

aceitos, e a esquerda solicita-lhes que integrem um pouco mais o povo na vida do país; é considerado vitória um alto dirigente conceder entrevista ou oferecer algum cargo administrativo a um elemento reconhecidamente de esquerda. *O pagador de promessas* ilustra essa linha política que foi qualificada de reboquismo: pressiona-se o pai para que ampare os desprotegidos. Estes podem insistir para obter algo do pai, podem eventualmente sugerir detalhes ou alterar pormenores da atuação política do pai, mas aceitam os princípios básicos que determinam a orientação geral do pai e não lhe contrapõem nenhuma outra. É extremamente discutível que a vitória final seja mais do povo que da Igreja em *O pagador de promessas*. Que o povo, por exemplo, destrua a Igreja, seria uma solução idealista — e o desfecho do filme é o que melhor reflete a realidade, não há dúvida. Mas o filme seria muito mais incisivo se, em vez de encerrar-se com uma pretensa vitória, mostrasse o quão ilusória é essa vitória e tentasse colocar em questão a linha política que ela supõe.

Na mesma perspectiva, e de maneira mais clara ainda, situa-se *Maioria absoluta*, que documenta o analfabetismo e a miséria, o abandono total em que vivem os camponeses nordestinos. O filme, admirável, é brutal e seco, e se dirige — é o narrador da fita que o diz — àqueles para quem os camponeses miseráveis e analfabetos produzem alimentos. Trata-se de chamar-nos a atenção, a nós que comemos, sobre a situação dos camponeses. A última seqüência do filme introduz uma vista aérea do Congresso em Brasília, a faixa sonora reproduz um vozerio que sugere a disputa vã em que se esfalfam os governantes sem tomar conhecimento dos reais problemas que assolam o país. De repente, um grito: *Atenção!* Silêncio de expectativa. E voltamos ao Nordeste. Assim, em tom grave e severo, o filme desafia os dirigentes para que solucionem os problemas apresentados, mas para isso é necessário reconhecê-los como aqueles de quem deve ou pode vir a solução. O que é isso senão pedir-lhes que façam seu trabalho, senão denunciar o povo à classe dirigente? É importante que se diga: escolher essa perspectiva ou aquela sugerida por Glauber Rocha quase independe dos cineastas — é a situação geral do país que comanda.

SOL SOBRE A LAMA

Com *Sol sobre a lama*, Alex Viany transforma em programa de ação o final de *Maioria absoluta*. A falsidade social de *A grande feira* ficou patente para João Palma Neto, um dos participantes dos acontecimentos abordados na fita, que resolveu realizar uma réplica. *Sol sobre a lama* não altera substancialmente o panorama de Água de Meninos apresentado por *A grande feira*, mas a questão da ação é mais amplamente exposta e discutida. A situação é a seguinte: grandes burgueses da cidade de Salvador querem eliminar a feira, e para isso uma draga fecha o ancoradouro, impedindo o abastecimento. Os feirantes querem lutar em prol da reabertura do ancoradouro, e dois líderes apresentam táticas diferentes. Um deles, um açougueiro (Roberto Ferreira), propõe uma ação violenta de massa, que consistiria em o povo apoderar-se da draga. O outro líder, Valente (Geraldo del Rey), que dirige um depósito de materiais de construção, é favorável, não a uma ação de massa, mas sim a *démarches* que seriam feitas junto aos grandes da cidade, às autoridades locais e aos deputados federais, e a uma grande campanha na imprensa. Ou seja: Valente é favorável a uma ação que consista em trabalho junto aos poderes constituídos, pressionando-os e eventualmente jogando-os uns contra os outros, a fim de obter as medidas desejadas, tudo isso dentro da legalidade. É a típica ação sindical que espera das autoridades constituídas — mediante solicitações e pressões — a solução de seus problemas. Os líderes afrontam-se numa reunião do sindicato e o açougueiro consegue a adesão popular. Da traição de um habitante da feira, mau e tarado — cujo comportamento só se explica através de sua maldade individual —, resulta o fracasso do ataque à draga: a polícia espera o povo e atira nele. Depois desse malogro, Valente passa à ação, com Cr$ 600.000 arranjados pelos feirantes. Tem um encontro infrutífero com o magnata que quer fechar o ancoradouro, mas, graças à campanha jornalística, consegue a compreensão de deputados e sobretudo do prefeito da cidade, que condiciona sua permanência no cargo à vitória dos feirantes. Finalmente, sem movimento de massa, Valente é vitorioso: a draga sai, o ancoradouro é reaberto, a feira retoma seu ritmo normal. Lá onde a ação popular fracassou, a ação legal junto a autoridades constituídas obteve sucesso. Donde se conclui que, para resolver os problemas do povo, este, em vez de agir diretamente, deve solicitar às autoridades as soluções; e, de fato, as autoridades, embora haja sempre algumas intolerantes, resolvem os problemas. É a vitória do reboquismo. É estabelecer a não-atuação popular como programa para o povo. É elevar ao nível de programa popular a tática governista que desde Getúlio Vargas consiste em esvaziar a possível evolução política do povo.

Os autores do filme sentiram certamente o quão pouco progressista era sua tese e tentaram uma síntese: depois do fracasso da ação popular e antes de começar a pressionar as autoridades, Valente manda uma carta ao líder vencido para explicar-lhe que, no fundo, os dois têm razão: sem a agitação de massa, os métodos por via legal de pouco valeriam. Acontece, porém, que Valente vence por seus métodos e sem participação da massa (que se limita a fornecer o dinheiro: pelo visto, o ataque à draga não teve repercussão), e que, diante de tal fato, uma síntese exclusivamente verbal é por demais tímida e idealista. É provavelmente o mesmo mal-estar diante da tese proposta e o desejo de equilibrar as duas posições que levaram os autores a outras posições de um idealismo ingênuo, como aquela revelada pela canção que acompanha o enterro do líder vencido e que diz que um líder morto é uma estrela a mais no céu. Outro indício da compreensão idealista dos acontecimentos é a ausência de motivações para certas ações. Assim como a traição deve-se a um comportamento individual, o ataque à draga deve-se fundamentalmente à forte liderança do açougueiro, sem que se leve em consideração a situação efetiva dos comerciantes da feira: não há indícios de que o bloqueio econômico repercuta na feira. Nada indica que o movimento da feira tenha diminuído, que estoques estejam se esgotando, que gêneros alimentícios frescos estejam faltando, que compradores procurem outras fontes, que fornecedores tentem outras vias de escoamento. O bloqueio, que é o núcleo da luta e da ação dramática do filme, torna-se um dado abstrato.

Outro sintoma da posição idealista assumida pela fita é a personagem de Valente. Tudo o diferencia dos outros moradores da feira. Seu comportamento, seus gestos, sua fala, seu modo de vestir, sua ponderação o assemelham mais a um advogado de passagem pela feira que a um feirante. Tal falta de integração acentua-se depois do fracasso da ação popular e antes de os feirantes lhe oferecerem dinheiro, quando Valente resolve fechar o depósito e deixar a feira. Ele é o único a ter tal reação, que o assemelha muito ao Rôni de *A grande feira*. Tudo faz dele um elemento da classe média, intermediário entre o povo e a burguesia. Ele é a única personagem da fita que tem tal posição intermediária: é, em realidade, graças à ação legal de um indivíduo classe média junto à burguesia que são resolvidos os problemas do povo.

Não tenho absoluta certeza de que as posições assumidas pela fita sejam da inteira responsabilidade de Alex Viany (roteirista e diretor) e Miguel Torres (roteirista), pois o filme foi triturado e remodelado pelo produtor depois de acabado, e não conheço a montagem original. De qualquer modo, Alex Viany reconhece hoje que houve falhas graves na análise dos acontecimentos, e por isso se responsabiliza. A proximidade dos acontecimentos, o contato direto com muitos de seus protagonistas, um argumento já pronto e parcial (que é da autoria da pessoa que teve na realidade o papel de Valente) impediram os roteiristas de ter uma compreensão mais dialética dos fatos. Essa compreensão veio durante as filmagens e a montagem (diz Alex Viany: "Já durante as filmagens, eu fiquei consciente de que fazia uma obra reacionária, anti-sindical e antioperária"); mas a fita era visceralmente, estruturalmente falsa, e só um longo e impossível período de refilmagens poderia ter alterado sua significação básica. De qualquer modo, *Sol sobre a lama*, como é, se enquadra perfeitamente no panorama do cinema brasileiro, pois está inteiramente de acordo com a significação geral da principal tendência desse cinema, e Valente integra-se perfeitamente na galeria das personagens intermediárias entre o povo e a burguesia.

O empenho com que se propõe a ação liderada por Valente é tão radical que constitui praticamente uma alienação numa tática em que se alienaram as esquerdas durante anos e anos. Por outro lado, o radicalismo do filme a favor de uma ação legal e contra uma ação popular leva com clareza suas propostas a um ponto que, de tão absurdo, já prenuncia uma tomada de consciência. Declarações recentes de Alex Viany mostram, de fato, que as posições assumidas no filme foram ultrapassadas. Em vez de malhado superficialmente, o filme deveria ter sido discutido mais abertamente, pois condensa toda uma tática errada, premissas sociológicas falsas e idealistas que caracterizam um longo período da vida da sociedade brasileira. *Sol sobre a lama* pode ser considerado um dos mais significativos testemunhos de toda uma política que fracassou.

O problema do pai, do reboquismo, coloca o problema do líder. Acho que nenhum filme o colocou de modo tão agudo quanto *Barravento*. Glauber Rocha filmou *Barravento* na Bahia em 1959, mas o montou somente em 1961, isto é, depois da apresentação de *A grande feira*. Embora participante do movimento *ida ao povo*, ligado ao populismo e ao marginalismo, *Barravento* abria perspectivas novas para o cinema brasileiro, e isso não apenas porque surgia, com toda a evidência, um grande talento.

Barravento apresenta uma comunidade de pescadores (o Buraquinho), e o que de imediato diferencia o filme da maioria dos anteriores citados é que, embora essa comunidade esteja à margem da evolução do país, as personagens apresentadas não são marginais dentro da comunidade: todas têm sua função; os homens trabalham na pesca, enquanto as mulheres se dedicam aos trabalhos domésticos ou à religião. E isso era uma total novidade quando *Barravento* apareceu. Uma exceção: a personagem principal, Firmino (Antônio Pitanga), motor do conflito, do barravento social que subverterá a vida da comunidade. Os pescadores trabalham com uma rede cujo aluguel representa mais ou menos 90% da pesca. Quase nada sobra para a população de Buraquinho. Além disso, a rede está velha e esburacada, o peixe foge, os pescadores pleiteiam uma nova. O proprietário, insatisfeito com o rendimento de sua rede, tira-a dos pescadores, que voltam a trabalhar de jangada e tarrafa. Aruã (Aldo Teixeira) acha que se deveria resolver a situação no peito, mas sua cega obediência ao Mestre (Lídio Silva) o impede de agir por conta própria. O Mestre luta para que a comunidade não se modifique, e espera que as soluções venham não dos homens, mas sim de Iemanjá, protetora de Aruã. A volta à jangada será a possibilidade de provar que Aruã é de fato protegido pela deusa do mar a quem deve dedicar sua vida. Todo o povo acredita na situação privilegiada de Aruã.

Firmino deixara a aldeia havia um certo tempo; fora para a cidade grande, onde aprendera novas idéias, e onde amigos seus acreditam que as coisas mudarão, que dias melhores hão de vir, pensamentos esses que não deixaram de provocar conflitos com a polícia. No início do filme, Firmino volta à aldeia e sua atuação será no sentido de quebrar o *statu quo*, de quebrar o mito de Aruã e de levar os homens a resolver por si próprios os seus problemas, em vez de esperar soluções divinas. Paradoxalmente, a primeira tentativa de Firmino consistirá em fazer uma macumba contra Aruã, a fim de que pereça no mar. Fracasso. A segunda tentativa será um ato anárquico, parecido com o de Chico Diabo em *A grande feira*: depois de os pescadores terem remendado a rede, já que não conseguiram uma nova, Firmino rasga-a a fim de impedir compromissos, meias soluções; precisa colocar os homens ao pé da parede e levá-los a soluções fortes e decisivas, a se encarregarem de seu destino. Finalmente, Firmino consegue quebrar, com a ajuda de sua amante, Cota (Luísa Maranhão), a virgindade de Aruã, exigida por Iemanjá; simultaneamente, Firmino manda ao mar, quando uma tempestade se vem formando, um homem que Aruã não conseguirá salvar: Aruã está desmistificado. Aruã é um homem como os outros e Iemanjá não trará solução alguma aos problemas dos pescadores: estes terão de encontrar e fazer vigorar suas próprias soluções. Aruã deixa a aldeia: vai para a cidade, adquirirá novas idéias, trabalhará, voltará dentro de dois anos com uma rede nova, e então casará com uma filha de Iemanjá, Maína (Luci Carvalho).

Quem é Firmino, esse líder da oposição, e qual é seu papel? Firmino viveu em Buraquinho até ir para a cidade e, quando volta, é outro homem, um elemento estranho à comunidade. Suas idéias são outras, não se veste como os pescadores, sua exuberância no falar e no gesticular contrasta com o comportamento dos pescadores, tem experiências desconhecidas dos moradores do vilarejo, teve encrencas com a polícia. Firmino conseguiu evoluir porque se subtraiu à comunidade. Na cidade, era certamente um marginal, viveu mais de descarregar navios de contrabando que de trabalho regular. Cabe acrescentar que esse papel da cidade não é novo. Já é tradicional na cultura brasileira a cidade aparecer como uma fonte de idéias perturbadoras e renovadoras, quer seja enviando para o interior indivíduos portadores dessas idéias que serão no campo consideradas subversivas, quer seja chamando a si pessoas que aspiram a uma vida melhor. A cidade já tem esse papel em Graciliano Ramos. "Na cidade sujeitos exaltados começavam a espalhar que São Bernardo era um ninho de reacionários"; com seus discursos e folhetos, "empestam as capitais" normalistas preocupadas com "a questão social". Madalena, mulher do dono de São Bernardo, é uma citadina que, na fazenda, escondida do marido, vai tendo suas conversas sobre o socialismo, o que faz embirrar seu Paulo Honório. E o Luís da Silva de *Angústia* vai tentar "vencer a vida" abandonando o campo pela cidade.

Assim, no início do filme, Firmino volta a Buraquinho, surge por detrás das pedras e vai se constituir no elemento perturbador da aldeia; ele vai atrapalhar; por seu intermédio, as idéias e a evolução urbana vão contaminar a vida estagnada dos pescadores. Essa tarefa, ele a realizará só, contra todos. Firmino é um indivíduo isolado; a única pessoa com quem se dá é Cota, que se suicidará após ter quebrado o tabu sexual de Aruã. Firmino sente seu isolamento e gostaria de integrar-se: "Eu também sou irmão". O que se dá em relação às pessoas ocorre também em relação aos lugares: a Buraquinho, Firmino já não pertence mais, pois sua atual personalidade foi formada na cidade; mas tampouco pertence à cidade, pois sente a necessidade de participar da evolução de Buraquinho. Disso, uma primeira conclusão fica clara: os fatores que vão alterar a vida da comunidade não são oriundos dessa mesma comunidade. São fatores externos. A pessoa que vai alterar a vida da comunidade não provém dessa comunidade. Firmino não é a vanguarda da comunidade: é um indivíduo que, pessoalmente, resolveu agir sobre o povo, que quer transmitir sua experiência pessoal. Poder-se-ia imaginar que, por meio dessa ação, ele venha a integrar-se, a fazer realmente parte da comunidade, a liderá-la. Nada disso. Após a desmistificação de Aruã, enquanto três das quatro personagens principais são encaminhadas pelo diretor (Cota suicida-se, Aruã vai para a cidade e casará com Maína quando voltar), Firmino não é encaminhado: a personagem fica em suspenso. O último plano em que aparece, demorado plano de grande conjunto, mostra-o a afastar-se lentamente da aldeia, sozinho, se perdendo por trás das pedras à beira-mar. Firmino é um meteorólito, e não a expressão das aspirações ou potencialidades da comunidade que pretende liderar. Por outro lado, Firmino age sobre a comunidade apenas na medida em que esta vê em Aruã sua mais fiel expressão. Querer desmistificar Aruã é querer mudar a vida de todos. De fato, o único momento em que Firmino vai agir sobre a massa é no início do filme: um grupo ouve sua pregação e, em seguida, vão todos, Firmino à frente, tomar uma cachaça. Fora disso, Firmino não atuará diretamente junto à massa. Na prática, é sobre Aruã isoladamente que Firmino age. E, realmente, se a ação de Firmino conseguiu algum resultado, este foi a mudança de Aruã.

Aruã, em quem se concretiza toda a superstição e a estagnação da aldeia, também é um indivíduo solitário e isolado. Não pode ter mulher e fica na praia quando os homens se reúnem. Além disso, desde o início do filme, não está plenamente convencido dos poderes de Iemanjá: não fosse a total obediência que deve ao Mestre, resolveria diferentemente o problema da rede. Ele, encarnação da religiosidade da comunidade, não pertenceu sempre a Buraquinho: foi o Mestre quem o trouxe da cidade, quando ele era ainda criança. Mais uma vez encontramos num cargo público chave um indivíduo que não é oriundo da comunidade e que se integra mal nela. Depois da desmistificação, Firmino entrega a liderança a Aruã: "É Aruã que vocês devem seguir". Então, qual será a atitude do novo líder? Resolve substituir os meios divinos pelos humanos. Tem um breve encontro com o povo, em que afirma que só acredita na força do remo e em mais nada. Decide ir para a cidade trabalhar, a fim de comprar uma rede e voltar dentro de dois anos. Essa decisão, que tomou sozinho, ele a comunica apenas a sua futura noiva (e, por intermédio dela, aos espectadores), mas não lhe parece necessário informar os colegas, quanto menos discutir com eles; ou seja, Aruã rompeu as ligações religiosas que tinha com a comunidade, mas não criou outras. No fundo, seu primeiro ato, após ter se tornado líder progressista da comunidade, foi afastar-se dela. Outrossim, do ponto de vista da eficácia da ação, essa decisão é irracional: a rede seria mais rapidamente comprada, portanto a solução mais próxima, se várias pessoas fossem trabalhar na cidade para adquiri-la. No entanto, a decisão de Aruã não é propriamente individualista, pois diz a Maína: "Nós temos que resolver a nossa vida e a de todo mundo". No fim do filme, Aruã afasta-se da aldeia pelo caminho pelo qual chegara Firmino, e a última imagem é a de um farol: símbolo da liderança e do isolamento. Mais uma vez, trata-se de um indivíduo que resolve solucionar sozinho o problema de todos. A liderança não provoca uma integração nem resulta dela: o líder e a massa vivem em compartimentos estanques, embora o primeiro pretenda estar na perspectiva da coletividade.

Toda a estrutura do filme reflete essa situação líder-massa: a ação desenrola-se fundamentalmente entre as quatro personagens principais, o ritmo é em geral rápido, o diálogo tem uma função primordial, os atores, profissionais ou não, interpretam seus papéis. A massa é constituída pelos pescadores e pelas mulheres que se encarregam da macumba, que aparecem em planos praticamente documentários: não participam da ação do filme, e nós os vemos a fazer sossegadamente suas tarefas cotidianas na vida real. A montagem é lenta e os planos de natureza ocupam muito tempo. Entre o nervosismo de Antônio Pitanga (Firmino) e a lentidão majestosa dos pescadores, o contraste é total. A última cena de massa apresenta as sacerdotisas de Iemanjá efetuando um ritual religioso. Assim fica a massa após a desmistificação de Aruã. Nenhum indício de modificação. Um momento, um dos melhores do filme, que expressa pateticamente essa separação líder-massa, é quando os pescadores remendam a rede: Firmino, em termos violentíssimos, investe contra eles; tem-se a impressão de duas séries de planos que foram feitos em lugares e momentos diferentes, planos que pertencem a duas realidades fílmicas diferentes. Os pescadores não reagem à investida, nem levantam os olhos. Firmino, vituperando, aparece em dois primeiros planos: a personagem é filmada contra o céu, o que a isola, abstraindo-a do lugar em que a ação se desenrola, e esses planos vêm como que interromper a montagem lenta dos planos dos pescadores remendando. Fica nítido que se trata de uma ação de fora para dentro. A violência de Antônio Pitanga é válida para ele e para os espectadores; não ecoa naqueles a quem se dirige.

O enredo de *Barravento* é uma questão política, e trata-se de uma política de cúpula. Se tanta importância foi dada às personagens de Firmino e Aruã é porque sua estrutura e as relações que mantêm, no filme, com a comunidade, são equivalentes à estrutura de um comportamento fundamental na vida política brasileira, independentemente das ideologias, da direita ou da esquerda: o populismo. O povo, proletariado e pequena burguesia, sem força para delinear uma ação própria e agir com um comportamento autônomo, entrega-se a um líder de quem espera as palavras de ordem e as soluções; o líder, em torno do qual se aglomeram átomos sociais, os indivíduos, adquire feição carismática.

Barravento exprime perfeitamente a situação da pequena burguesia que, nas palavras de Francisco Weffort,[8] "só pode aparecer, manifestar-se como classe, no momento mesmo em que aparece como massa devotada a um chefe". As análises feitas por esse sociólogo sobre Adhemar de Barros e Jânio Quadros são perfeitamente aplicáveis, guardadas as devidas proporções, a Firmino ou Aruã. Esse comportamento popular encontra uma de suas raízes no governo Getúlio Vargas, pois, conforme Luciano Martins,[9] "o Estado-Protetor via de regra tendia a absorver as reivindicações antes que elas o condenassem e pudessem, assim, expressar-se de uma forma politicamente organizada". A atuação de Firmino e, depois da desmistificação, a de Aruã, bem longe de representar uma evolução política popular, contribuem para um esvaziamento político do povo. Firmino e Aruã têm o papel do Estado-Protetor que, prevenindo as reivindicações populares, as impede de tomar uma forma organizada e política, evitando que o povo se torne centro de decisão.

A importância fundamental de *Barravento* na história do cinema brasileiro vem do fato de que é o primeiro filme — e continua sendo um dos raros — que captou aspectos essenciais da atual sociedade brasileira; um filme cuja estrutura transpõe para o plano da arte uma das estruturas da sociedade em que ele se insere. Tenho a certeza de que Glauber Rocha, ao fazer o roteiro, a filmagem e a montagem desse filme, não percebeu o quão profundamente seu trabalho expressava a sociedade brasileira. E é por isso que o filme não apresenta nenhum ponto de vista crítico sobre esse fenômeno. Antes pelo contrário, Glauber Rocha viu — e continua provavelmente vendo, ao realizar *Deus e o Diabo na terra do sol* — um revolucionário em Firmino. Esse fato mostra que pode

8. *Política de massas*, 1963.
9. *Aspectos políticos da revolução brasileira*, 1965.

haver contradições bastante profundas entre a estrutura de uma obra e o conteúdo que conscientemente o autor quis pôr nela.

Mas não importa: o filme, embora feito aos trancos e barrancos (Glauber Rocha pegou a direção quando as filmagens já tinham sido iniciadas por outro diretor, Luís Paulino dos Santos, e então remodelou o roteiro), é uma das mais extraordinárias intuições que um cineasta brasileiro já teve. Um filme como *Maioria absoluta* enquadra-se no comportamento populista; *O pagador de promessas* apenas reflete esse comportamento, sem que este chegue a constituir a própria estrutura da obra, como é o caso em *Barravento.* Com *Barravento,* o cinema já não apresenta apenas problemas epidérmicos, embora graves, da sociedade brasileira, mas atinge estruturas profundas. Falta ainda adquirir uma consciência crítica dessas estruturas.

Um filme destoa completamente do conjunto do cinema brasileiro: *Ganga Zumba, rei dos Palmares* (Carlos Diegues, 1963). O único filme brasileiro em que os problemas de um povo revoltado não são resolvidos por um líder que entabula conversações entre os interessados e os dirigentes, nem por um líder que não pertence à comunidade, nem pela integração dessa comunidade nas instituições legais e oficiais, é *Ganga Zumba.* O Rei dos Palmares (Antônio Pitanga) vive a vida de todos os escravos, é tão malvisto pelo capataz como qualquer outro escravo; Palmares é uma ruptura com o mundo colonial dos fazendeiros, é uma outra organização social que se forma, paralela à primeira, mas sem entendimento, nem conchavo, nem conciliação com os fazendeiros. É verdade que os escravos acreditavam que uma espécie de predestinação recaía sobre determinada pessoa para fazer dele o rei, e que o rei não se impôs por seus traços pessoais ou valentia. Mas isso não tem a menor importância. Ao contrário: o que importa é que o líder é egresso da comunidade e escolhido por seus semelhantes para dirigir a vida da recém-formada comunidade revoltada. Essa escolha é feita no nível das possibilidades, mais místicas que políticas, da comunidade. Embora reconstituição histórica, *Ganga Zumba* tinha um significado atual que era, no momento político brasileiro, uma aspiração idealista, puramente teórica e utópica.

Os impasses da ambigüidade

Rôni, o marinheiro de *A grande feira*, Valente, de *Sol sobre a lama*, Firmino e Aruã e suas relações com a massa não são senão primeiríssimos passos na descrição da situação do homem na sociedade brasileira. Abrem picadas; o desbravamento está ainda por fazer. Passo fundamental na conquista da representação do homem brasileiro na tela é o filme de Nélson Pereira dos Santos, *Vidas secas*, verdadeiro tratado sobre a situação social e moral do homem no Brasil.

Fabiano ainda não existe como homem, como gente; ele é um esforço para existir, e o filme é uma dolorosa meditação sobre as possibilidades de vir a ser homem no Brasil. Fabiano é chefe de uma família constituída como qualquer família burguesa normalmente organizada: um pai, uma mãe, duas crianças, um cachorrinho e um papagaio. As crianças brincam com o cão de estimação e imitam o pai em seus afazeres cotidianos, sendo este último o modelo e o iniciador das crianças na vida. O pai trabalha no campo e traz o dinheiro para o lar; em casa, ele faz os trabalhos mais penosos. À mãe cabem os trabalhos domésticos, bem como cuidar da vida emotiva dos filhos. Portanto, essa família não se caracteriza como tipicamente sertaneja. A isso deve-se acrescentar que, embora possam ser nordestinos, os tipos dos atores não são especialmente característicos do Nordeste, sobretudo Fabiano (Átila Iório). Por sua organização, relações internas e divisão de trabalho, essa família pode ser tanto sertaneja como da classe média de qualquer centro urbano; pode ser até mais classe média que sertaneja. A estrutura do filme não é condicionada pela ação das personagens, mas sim pela natureza: é a seca e a chuva que vão decidir do início, do meio e do fim do filme. Expulsa pela seca de seu lugar de origem, a família caminha pelo sertão à procura de trabalho e de meios de subsistência. Graças à chegada da estação chuvosa, ficará uma temporada numa fazenda; com a volta da seca, continuará sua andança. Fabiano e os seus vivem num mundo onde não agem, mas são *agidos*. Analfabetos, seus pertences são reduzidos a uns trapos e uns instrumentos de cozinha. Sua ação é reduzida à obtenção de meios de sobrevivência imediata. Essa luta primária leva-os a recorrer a extremos, como seja comer um louro de estimação. Mas o louro, que nem falava, era inútil. Inútil e supérfluo é tudo o que não serve para a imediata sobrevivência. O futuro, também inútil e supérfluo, não existe. Dificilmente comunicam-se entre si; suas relações, freqüentemente, não ultrapassam uma mera coincidência ou uma relação pouco acima do nível animal. A comunicação pode também tornar-se rapidamente agressiva. O falar é raro e não estabelece diálogo, mas sim um desabafo individual. No entanto, não são desprovidos de consciência, e é nisto que se diferenciam do reino vegetal e animal. Embora não tenham condições de ser gente, sabem que não são gente e aspiram a sê-lo; o porta-voz dessa aspiração é a mãe, Sinhá Vitória (Maria Ribeiro). Ser gente define-se inicialmente pela negativa, por oposição ao reino animal: ser gente é não dormir como os bichos, é dormir em cama de couro. Mas sua aspiração vai além, eles sabem que a cultura é conquista do homem: ser gente é também ter uns livros e ter escola para as crianças. E é na *cidade grande* que tal aspiração pode concretizar-se. É pelo irrompimento da consciência, que lhes permite não coincidir com sua situação objetiva, que Nélson Pereira dos Santos situa humanamente a vida vegetativa de suas personagens.

Esse núcleo familial assim definido vai ser confrontado com os principais elementos constitutivos da sociedade. O trabalho consiste em cuidar da propriedade alheia: Fabiano é vaqueiro de um fazendeiro. Esse trabalho é primitivo: faz-se, além do cavalo, com um equipamento mínimo que se limita a proteger o corpo humano; o resto é tratado direto com a matéria bruta. O fazendeiro é o explorador que resolve a seu bel-prazer qual a remuneração que cabe ao vaqueiro. Fabiano tenta discutir, mas logo se curva. Fabiano tenta vender carne de um animal seu: fiscais da prefeitura o impedem, já que não pagou os devidos impostos. Fabiano não sabia, vai embora com sua carne. A religião é um ritual mecânico que deixa os homens em sua solidão: Fabiano quase não consegue entrar na igreja, de que não vemos a parte interior, e logo sai. A polícia é a arbitrariedade. Longe de ser um elemento de ordem, ela provoca a situação que lhe permitirá intervir. Fabiano tenta não reagir e curvar-se; só reage quando a humilhação é grande demais: é a cadeia. A cultura, quando erudita, é reservada ao fazendeiro, cuja filha tem aulas de violino: isso faz parte de sua condição social. Quando popular, a cultura é também reservada ao fazendeiro: enquanto se realiza o espetáculo folclórico do bumba-meu-boi, que é praticamente dedicado ao fazendeiro, Fabiano está na cadeia. Fazendeiro, fiscais, igreja, polícia são poderes localizados na aldeia perto da qual moram Fabiano e sua família. Na aldeia, Fabiano é completamente espoliado: é-lhe retirado o fruto de seu trabalho, o direito de dispor de seus escassos bens; é-lhe retirado até o folclore e, na cena com o soldado, é-lhe retirado mesmo o direito de existir. A sociedade não se satisfaz em tirar todos os direitos que a Constituição concede ao homem, mas pretende também diminuí-lo fisicamente. Fabiano não se revolta. Tem, vez ou outra, um gesto, uma palavra, logo reprimido.

Mas Nélson Pereira dos Santos não pretende esmagar sua personagem debaixo do servilismo. O que representam exatamente para Fabiano essas tentativas de reação? Trata-se de uma defesa quase animal? Ele entende a polícia e o fazendeiro como entende a seca? Tem consciência de seus direitos e de suas vontades? Sente-se insuficientemente forte para reagir, em relação aos inimigos? Ou tem medo? São perguntas a que o filme não responde, mas permanece em Fabiano uma espécie de núcleo de dignidade, que se manifesta quando a humilhação infligida pelo soldado se torna excessiva. Até um certo ponto, Fabiano fica passivo. Além, é demais: reage, embora essa reação fique sem conseqüências, pelo menos no plano da ação. Essa dignidade fazia parte, quando foi feito o filme, do vocabulário oficial do então governador Miguel Arraes: "uma ordem de coisas [...] incompatível com a dignidade humana"; adquirir "as liberdades mínimas essenciais à dignidade do homem". E Fabiano é utilizado por esse governador como símbolo do homem fabricado pelo Nordeste.

Vidas secas enquadrava-se assim perfeitamente na política oficial. Esse núcleo de dignidade é colocado em situação duas vezes no filme. As duas cenas ocorrem fora da aldeia, são uma resposta aos dirigentes. Saindo da aldeia, no caminho de casa, Fabiano encontra os cangaceiros, com um dos quais esteve na cadeia. A estrada se bifurca, os cangaceiros vão seguindo um caminho, Sinhá Vitória e as crianças já enveredaram pelo outro; Fabiano, no cavalo que lhe emprestara um cangaceiro, e olhando para a espingarda, hesita na encruzilhada: continuar ou revoltar-se? Fabiano toma o rumo de casa. Essa cena se desenvolverá mais tarde: Fabiano, armado de um facão, depara com o soldado provocador, perdido no mato. Nesse encontro de homem para homem, de inimigo para inimigo, de novo Fabiano hesita, e o soldado tem medo. Nada acontece, mas é uma porta aberta para o futuro. O filme não vai além dessa expectativa.

Anteriormente, o filme apontara, em forma de ligeira e comovida sátira, um terceiro caminho (além da aceitação e da revolta): a estação chuvosa possibilita uma leve melhora do nível de vida e a família se dirige à aldeia, para a festa, com roupas e sapatos novos, que foram comprados em detrimento de coisas mais urgentes. Não conseguem andar com seus sapatos apertados, eles cuja vida se passa, grande parte, em andar. Seria a saída pequeno-burguesa.

Nessa auscultação das relações entre o homem e a sociedade, Nélson Pereira dos Santos é extremamente lacônico. Tudo é abordado com grande poder de síntese; a direção oscila entre a rápida sugestão do bumba-meu-boi representado diante do fazendeiro e a condensação dramática da provocação do soldado em que apenas os momentos fortes são conservados. Em geral, o filme visa a não dar nada além da estrutura de uma situação e, desse ponto de vista, a cena, entre outras, de Fabiano na encruzilhada é exemplar. A geografia do lugar, a disposição em triângulo dos grupos humanos — Fabiano com o rifle-cangaceiro-família — traduzem as possibilidades de Fabiano, suas hesitações, e chegam, pela depuração, a ter a função de um signo que ultrapassa a personagem para referir a ambigüidade de todo um grupo humano. É a mesma orientação que levou o diretor a não mostrar a parte interna da igreja: bastava confrontar Fabiano com a fachada, fazê-lo entrar e sair para que o essencial fosse estruturado. E é essa mesma orientação que fez com que a miséria ocupasse no filme um papel reduzido. Há miséria e indignidade em *Vidas secas*, mas elas, comparadas à sujeira, às doenças, aos barracos imundos e parcialmente destruídos, à subnutrição do Nordeste de um *Maioria absoluta*, têm um caráter quase higiênico. Além das raras vezes em que o filme faz uma pausa, durante a qual o circunstancial e o emotivo desviam a tensão (a ida da família à aldeia, a morte da cadela), o tom é esse.

A caracterização da família de Fabiano, a confrontação da personagem com o leque dos principais poderes da sociedade, as saídas apontadas, a síntese dramática colocam *Vidas secas* num alto nível de abstração. Assim, o filme deixa o sertão para colocar-se num nível mais geral. Fabiano deixa praticamente de ser um homem particular, com problemas específicos, para tornar-se o homem brasileiro esmagado pela sociedade e colocado diante dos possíveis caminhos que se lhe oferecem. Ele é tanto o sertanejo quanto o pequeno-burguês citadino, e talvez mais o segundo que o primeiro. Isso não quer dizer que Nélson Pereira dos Santos tenha utilizado o drama nordestino para fins seus, desprezando seu tema. Mas o que selecionou do tema, deixando de lado aquilo que Leon Hirszman selecionou para seu documentário *Maioria absoluta*, possibilitou-lhe atingir um nível de abstração em que Fabiano não é apenas sertanejo, mas é qualquer um de nós que, no campo ou na cidade, estamos cerceados pelos poderes esmagadores da sociedade e vemos nossas possibilidades de realização e de progresso truncadas. Fabiano é tanto aqueles que são esmagados no sertão como aqueles que são esmagados nas favelas, nos subúrbios, nos apartamentos quarto-quitinete dos centros urbanos. Para chegar a esse resultado, era necessário que o autor do filme fosse um homem da cidade. Na estrita perspectiva de quem vive o drama do Nordeste, é bem provável que a urgência de determinados problemas imediatos não tivesse permitido tal abstração. Aliás, como pensar que homens da cidade pudessem identificar-se com uma perspectiva de camponês, como pensar que, nas cidades, o sucesso de campanhas pró-reforma agrária resultasse mais de um problema rural que de uma situação propriamente urbana? Tal sucesso provém certamente do interesse que alguns setores da burguesia industrial têm na reforma agrária e na projeção de certos problemas urbanos. *Vidas secas* é um filme urbano a respeito do campo, e sua validade vem de seu elevado grau de abstração. O filme foi qualificado como naturalista e, depois do aparecimento de *Deus e o Diabo na terra do sol*, os admiradores deste último passaram, com incompreensão, a ver em *Vidas secas* quase um documentário, quando ele representa o mais alto grau de abstração atingido entre nós pelo cinema.

BAHIA DE TODOS OS SANTOS

Com *Vidas secas*, é nítido que estamos nos aproximando cada vez mais de um cinema que se prepara para abordar problemas da cidade ou, mais exatamente, a consciência e a situação do homem (entenda-se o homem classe média) na cidade. O Fabiano sertanejo anuncia para breve o Fabiano carioca ou paulista. O marco mais adiantado que encontramos nessa direção, entre os filmes ainda ambientados no Nordeste, é *Deus e o Diabo na terra do sol*, que mais se aproxima do drama pequeno-burguês. A esse drama já nos referimos, não em termos de drama porque essa colocação é de Glauber Rocha; mas já vimos que Rôni (*A grande feira*) oscila entre dois pólos, não conseguindo fixar-se, nem agir. Mas, já antes de *A grande feira*, em 1960, o paulista Trigueirinho Neto colocara o problema em termos mais radicais: *Bahia de Todos os Santos*, realizado em Salvador, um dos primeiros filmes da época do *rash* baiano de 1959/62. Tônio (Jurandir Pimentel) não é como Rôni: ele não oscila entre dois pólos, a contradição está dentro dele. Ambientado na cidade de Salvador durante o Estado Novo, *Bahia de Todos os Santos* descreve, tendo como eixo o marginal Tônio, a vida de marginais e de portuários, seu trabalho, suas lutas reivindicatórias, seus choques com a polícia, sua vida sentimental, seus problemas pessoais.

Tônio não se enquadra em nenhum esquema social preestabelecido. Por incompatibilidade, deixou a família, constituída pela avó e pela mãe pretas; a mãe fora abandonada pelo marido branco. No entanto, Tônio sente saudades, vai visitá-las vez ou outra, mas não sabe por que faz isso, é repelido e vai embora. Odeia o pai, de quem pretende vingar-se por ter abandonado a mãe, mas revolta-se quando lhe dizem que não tem pai. Sente-se atraído por uma bela e sensual prostituta (Arassari de Oliveira), a quem não desagrada, mas tem relações sexuais com uma estrangeira (Lola Brah), a quem não suporta. Vive de roubos, mas é para ajudar os amigos. Mora com marginais, na praia, mas toma refeições numa pensão onde se hospedam portuários. Os portuários estão empenhados numa greve: com eles se solidariza, mas não adere à causa. Pretende deixar o Nordeste e ir para o Sul, mas fica em Salvador. Tônio é um indivíduo cheio de contradições, nada há que faça inteiramente, deixa tudo pela metade: é incapaz de abandonar Salvador e incapaz de parar de pensar em viajar; é incapaz de dormir com a prostituta, de abandonar a estrangeira; de abandonar completamente a família ou de passar a viver com ela; de não se interessar pelos grevistas ou de se ligar profundamente a eles. Mas a maior de suas contradições, essa absolutamente insolúvel, Tônio a encontra em seu próprio físico: nem preto, nem branco, mulato. Branco para os pretos, preto para os brancos. Tônio é só. As contradições encontradas num Rôni estão em Tônio interiorizadas, abrangendo todos os setores de sua vida e impossibilitando qualquer tipo de realização, por mais precária que seja. Rôni é capaz de passar um dia com a grã-fina, que vai abandonar logo em seguida, mas esse é um dia de felicidade; o mesmo se dá com Maria da Feira: os momentos passados na cama realizam o prazer. Tônio também se encontra entre duas mulheres que lembram bastante o dueto de *A grande feira*: com a prostituta, poderia realizar-se sexualmente, mas não dorme com ela; dorme com a estrangeira, mas o sexo não lhe dá prazer. De Rôni a Tônio, embora este seja cronologicamente anterior ao primeiro, há um grande progresso na constituição de uma personagem contraditória, ambígua, e que, como Rôni, só que de um modo mais aprofundado, expressa a ambigüidade da classe média.

Mas Trigueirinho Neto não levou às últimas conseqüências as contradições de sua personagem. Como Tônio, ficou no meio do caminho. Primeiro, porque o enfraqueceu ao dar-lhe freqüentemente um comportamento neurótico, autodestruidor, e suas contradições, sobretudo em relação às duas mulheres, parecem não raro inibições. Segundo, porque, no fim do filme, Tônio encontra uma espécie de equilíbrio, que é o mais falso e arbitrário que se possa imaginar. Ele tem um amigo marginal (Geraldo del Rey) cuja noiva está grávida; e o amigo, não tendo dinheiro para casar, rouba uma carteira. Tônio, o ladrão, obriga-o a jogar fora a carteira e exorta-o a ter uma vida limpa e digna. É essa a conclusão do autor: respeito a regras éticas fundamentais.

Trigueirinho Neto tem uma raiva profunda e dolorosa, mal tingida de ironia, da burguesia, ou melhor, dos grupos sociais paulistanos recém-egressos dos plantios de café e que, a seu ver, se empenham grotescamente em alcançar uma vida digna do requinte e da cultura da tradicional burguesia européia. Satirizar essa burguesia era um dos principais motivos que o teriam levado a adaptar para o cinema o romance de Mário de Andrade, *Amar, verbo intransitivo,* projeto em que pensou seriamente (por esse motivo também, outros, depois dele, namorariam o mesmo projeto). Essa raiva associa-se a uma outra, mais antiga e mais violenta, da família, e atinge qualquer organização social. Tudo isso está perfeitamente sensível no filme, no repúdio de Tônio pela família, no comportamento antipático da estrangeira, no tratamento dado à polícia e ao exército estadonovista para o qual povo e perturbador são sinônimos, na impossibilidade da sociedade de arcar com suas responsabilidades (o reformatório está tão cheio de adolescentes *inadaptados* que não cabe mais nenhum). Com essa parte da sociedade, não se deve colaborar.

Há, por outro lado, em *Bahia de Todos os Santos*, personagens que, contra essa sociedade, estão empenhadas em defender seus direitos: com elas também não se deve colaborar. Como elas são os oprimidos, pode-se ajudá-las por motivos humanos, não políticos. A luta reivindicatória cheira a comunismo e é tão má quanto o outro lado. Então Trigueirinho Neto podia optar entre o anarquismo e a moral. Preferiu a segunda. Nem à direita, nem à esquerda, nem a burguesia, nem o povo: no meio, conservando sua pureza moral e as mãos limpas, o único compromisso aceitável é com a moral.

Trigueirinho Neto quer que a sociedade mude, pois é insustentável que fique como está, mas seu *antiburguesismo* primário não leva a coisa alguma a não ser reforçar a moral burguesa. Ele teria provavelmente superado esse moralismo atravancador se tivesse continuado a dedicar-se ao cinema. Após esse longa-metragem de estréia, realizou um documentário de curta-metragem, seu último filme até o presente momento, para o Serviço de Documentação da Universidade de São Paulo: *Apelo* (1961), que trata da vegetação no Brasil, ilustrando a tese segundo a qual a pobreza vegetal provém mais da pobreza do solo que da falta de água, e tomando violentamente posição contra o desflorestamento e as queimadas. Nesse filme didático, aparece uma singular personagem: o estudante (Airton Garcia). O filme inicia-se com o estudante folheando pranchas de um livro. Essa será a única atividade da personagem: olhar. Olha o desflorestamento, olha as queimadas, a miséria. Nada diz, nada faz. Seu rosto fica impassível, seu corpanzil, inerte. Tem uma única reação: fecha um punho de reprovação (ou de indignação) diante de uma queimada. Essa atitude contrasta com a violência da montagem, os cortes bruscos, os choques entre som e imagem. Essa testemunha neutra, que não se liga à realidade a sua volta e que parece ser o desenvolvimento das contradições que levaram Tônio à inação e à esterilidade, poderia ter sido um primeiro passo para ultrapassar as posições de *Bahia de Todos os Santos*, pois tudo parece indicar que a transformação do estudante em estátua ou leva a um impasse que só um impulso novo poderá romper, ou leva ao aniquilamento. O silêncio mantido por Trigueirinho Neto desde *Apelo* talvez não se deva apenas às dificuldades de produção cinematográfica no Brasil.

GAÚCHO

Ao aniquilamento, também, levam as próprias contradições do Gaúcho de *Os fuzis* (Rui Guerra, 1965). Como o Rôni de *A grande feira*, Gaúcho está de passagem em Milagres: seu caminhão quebrou, ele aguarda uma peça que lhe permitirá prosseguir a viagem. O enredo do filme desenvolve-se nesse tempo de espera. Gaúcho, eventualmente dono de um caminhão, dedica-se ao transporte de cargas; naquela viagem, carrega alimentos, cebolas, que apodrecerão durante a espera. Sobre ele pouco se sabe, a não ser que pertenceu à tropa, que deixou por motivos que sugere: não gostava de ser mandado e não aceitava o trabalho dos soldados, que é manter a ordem, o que significa sistematicamente atirar sobre camponeses esfomeados para proteger os bens dos ricos. A situação de Milagres quando chega Gaúcho: uma seca prolongada deixa esfomeada toda uma população, cuja reação se limita a práticas místicas em torno do boi santo para que Deus lhe mande a chuva; os soldados ocupam a cidade para proteger um armazém contra eventuais distúrbios provocados pela fome, até chegarem os caminhões que deverão levar os víveres para o lugar onde serão vendidos. As práticas místicas em torno do boi respondem às práticas não menos místicas em torno dos fuzis.

Gaúcho — roda solta, não está integrado em grupo algum, nem a polícia, nem os camponeses, nem o dono do armazém — tem inicialmente uma atividade moral expressa em conversas. Tenta convencer um soldado de que manter a ordem, quando isso significa proteger armazéns cheios contra esfomeados, é inviável. Essas conversas, motivadas pela situação proposta pelo filme, não decorrem de nem levam a ação alguma, mas conduzem a uma atitude apenas verbal. Quando o soldado pergunta: "O que você quer que a gente faça?", Gaúcho responde: "Pelo menos, tomar vergonha na cara". O apodrecimento das cebolas aumenta a tensão psicológica de Gaúcho, cujas palavras se tornam mais agressivas tanto contra os soldados como contra os camponeses ("O boi santo não é de nada"). Numa atitude mais *beatnik* do que outra coisa, levado por uma certa exasperação e sem querer afrontar a situação, Gaúcho alheia-se da situação bebendo e praticando a ironia ("Viva os defensores da lei!"). Sempre sem ação nova, a situação inicial proposta pelo filme atinge sua contradição máxima quando os caminhões carregados estão deixando a cidade e entra no bar um homem levando nos braços seu filho morto de fome. Gaúcho instiga o homem a uma reação, sem conseguir demovê-lo de sua passividade. Bêbado e enlouquecido pela inércia do homem, aqui representante do povo, Gaúcho, num acesso de fúria incontrolada, quase histérica, atira contra os caminhões e é logo morto pelos soldados. Sua herança: uma dúvida na cabeça do soldado com quem costumava conversar.

A posição de Gaúcho é puramente ética e verbal: não propõe nem leva a nenhum tipo de ação, nem para si, nem para os outros. Embora sua inquietação seja provocada pelos esfomeados, sua principal preocupação é relativa aos soldados: sem serem donos dos armazéns, sem que portanto se beneficiem das vantagens decorrentes, eles os defendem contra quem precisa comer; moralmente, é indefensável. Tal atitude angustiada, sem perspectiva de ação, leva Gaúcho a se fechar sobre si e a estourar numa ação incontrolada e desesperada. Gaúcho é semelhante ao intelectual que sem saber onde se encaixar na realidade, sem saber como agir, um belo dia, para se desrecalcar, lança uma bomba caseira numa repartição pública. Ele não é fundamentalmente diferente de Rôni: ele é angustiado (Rôni não chegava a sentir angústia), ele sabe formular melhor sua inquietação e, principal diferença, essa inquietação o impede, contrariamente a Rôni, de seguir viagem, e o impele para uma ação violenta, que só não é inconseqüente porque o leva a seu próprio aniquilamento. No cinema brasileiro, a morte de uma personagem como Gaúcho é excepcional.

ANTÔNIO DAS MORTES

A personagem contraditória atinge dimensões trágicas com Antônio das Mortes (Maurício do Vale) em *Deus e o Diabo na terra do sol* (Glauber Rocha, 1964). Se o Fabiano de *Vidas secas*, em vez de curvar-se diante do fazendeiro, se revoltasse e o matasse, Manuel (Geraldo del Rey), o vaqueiro de *Deus e o Diabo* poderia ser seu prolongamento. Manuel mata o patrão que o rouba. Sua revolta o levará a associar-se inicialmente ao beato Sebastião (Lídio Silva), em seguida ao cangaceiro Corisco (Othon Bastos). O primeiro momento da revolta é um misticismo violento, que promete ao sertanejo um país imaginário em que o deserto vira mar e correm rios de leite. O segundo momento é uma violência mística, a cega destruição. Nos dois casos, trata-se de uma revolta alienada, em que o vaqueiro não afronta seus problemas, mas é desviado deles por atitudes delirantes, que canalizam sua necessidade de mudar a sociedade e sua agressividade.

O afastamento da realidade pela alienação coletiva já era um dos temas de *Barravento*, em que os pescadores procuram soluções religiosas para problemas concretos. *Deus e o Diabo* amplia o filme precedente: não só passa de uma religião predominantemente africana a uma religião predominantemente cristã, como também capta as duas atitudes principais que marcaram, até há alguns anos, a revolta nordestina, e que podem ser simbolizadas pelas figuras de Antônio Conselheiro e Lampião. Esses dois momentos da revolta não trarão progresso algum para Manuel, a não ser libertá-lo de sua alienação e permitir que ele enfrente a realidade e procure soluções objetivas. Aí intervém Antônio das Mortes.

O filme é dividido em duas partes (fanatismo e cangaço), com uma introdução e um epílogo. Cada parte é dominada por uma personagem que condensa em si as principais características do tipo de revolta (o beato, o cangaceiro) e que não aparece na outra parte. Só não respeitam essa divisão o cego, cantador que está fora do enredo e puxa o fio narrativo, podendo ter o papel de *meneur de jeu* quando leva Manuel a Corisco; o vaqueiro e sua mulher, Rosa (Ioná Magalhães); e Antônio das Mortes, sendo que este e Manuel seguem duas linhas paralelas que atravessam o filme todo — ou melhor, Antônio das Mortes condiciona seu comportamento pelo de Manuel (é pelo menos o que ele diz e o que Glauber Rocha confirma).

As duas experiências de Manuel são interrompidas por Antônio das Mortes; é ele que põe fim à estória do Monte Santo, matando os fanáticos, embora o beato já tivesse sido morto por Rosa (mas depois ele se atribuirá esse assassinato); e é ele que põe fim à aventura do cangaço, matando Corisco. Eliminando as fontes de alienação, dá a Manuel a possibilidade de agir racionalmente. Essa ação só poderá ser a guerra, uma guerra que será a aplicação de meios humanos para a resolução de problemas humanos. "Uma grande guerra sem a cegueira de Deus e do Diabo. E, pra que essa guerra venha logo, eu, que já matei Sebastião, vou matar Corisco", diz Antônio das Mortes. No entanto, essa atitude não é monolítica; Antônio não age desse modo como um revolucionário dedicado à causa: para matar fanáticos e cangaceiros, é pago por aqueles que oprimem o vaqueiro. Ele é um sicário, é vendido ao inimigo.

Essa situação apresenta elementos antagônicos: se ele mata a soldo do inimigo, não pode ser pelo bem do povo; se é pelo bem do povo, não pode ser obedecendo ao inimigo. Antônio das Mortes é essa contradição. Não é que ele viva essa contradição, que ela seja um dos momentos de sua vida: ela constitui seu próprio ser. A personagem de Antônio reduz-se a essa contradição. Quando Antônio das Mortes, antes de matar Corisco, anda em ziguezague para escapar às balas, a direção concretiza com grande força a contradição da personagem.

Não pode haver melhor ilustração do *bastardo* sartriano que Antônio das Mortes: o Hufo de *Les mains sales* está filiado ao partido comunista, mas não está integrado nele porque não consegue desprender-se de sua condição de burguês, e não está integrado na burguesia, que o rejeita porque pertence a esse partido. A estrutura das duas personagens é extremamente parecida. Antônio das Mortes não consegue enfrentar essa contradição, quanto menos resolvê-la. Ela pode ser dialética para a sociedade, mas não o é para ele. Ele tenta simultaneamente eliminá-la e sublimá-la. Para eliminá-la, Antônio quer transformar-se em mistério. Ele é o incompreensível, não é nem isto nem aquilo, ele é a contradição enigmática, e sua consciência está tão pouco clara que "num quero que ninguém entenda nada de minha pessoa". Sua pessoa é tão contraditória, pois ele é e não é, que nem nome pode ter. "Qual é a sua graça?", pergunta o cego, e ele responde: "Num conhece pela voz?". Antônio das Mortes não pode ser nomeado.[10] Para sublimá-la, ele tentará

10. Diálogos extraídos do livro *Deus e o Diabo na terra do sol*, 1965.

transformar-se em ser predestinado. Cumprirá sua função, que ele julga histórica, mas não lhe compete decidir sobre essa função nem apreciá-la: "Fui condenado neste destino e tenho de cumprir: sem pena e pensamento". Antônio livra-se de suas responsabilidades por via metafísica. Mas nem por isso está quite: não se livrará de sua má consciência — "andando com remorso", diz a canção do filme. Sua função é acelerar o curso da história e precipitar o advento dessa guerra, que será a guerra de Manuel vitorioso. Poder-se-ia pensar que, através dessa ação, ele se integrasse no movimento guerreiro, se ligasse a Manuel. Não. Ele é e fica solitário. Ele é apenas uma contradição e está maculado pelos contatos com o inimigo. Ele é e fica solitário. Ele dá a Manuel a possibilidade de fazer a guerra, mas não é a guerra dele. Nada sendo, ele sendo mera contradição, a guerra nada pode ser para ele. O tratamento dado a Maurício do Vale no papel é a exteriorização do conflito: uma longa capa, ao envolver-lhe o corpo volumoso, dissimula seus gestos; um chapéu de abas largas sombreia seu rosto. A parte mais viva de seu corpo são os olhos. Anda sempre só, enquanto deveria, se quisesse ser verossímil, estar acompanhado por jagunços; é que Antônio das Mortes é solitário, não pertence a grupo algum, nem aos proprietários de terra, nem à Igreja, nem ao povo revoltado, nem aos camponeses, e é um indivíduo sem semelhantes. Não que não haja outros Antônios das Mortes, mas inclusive com os outros não sente afinidades. Antônio jura "em dez igrejas sem santo padroeiro".

Antônio das Mortes não se sente à vontade consigo próprio; é possível que o próprio autor não se sentisse à vontade com a personagem. Glauber Rocha teve muitas dificuldades com ela, antes e durante as filmagens: a personagem não respeitava o roteiro, e foi improvisada durante as filmagens (uma das modificações substanciais introduzidas é que Antônio era originalmente acompanhado por soldados). No modo mesmo de apresentar a personagem na tela, sente-se um certo mal-estar, vez ou outra, do diretor e do montador em relação a ela, quando Antônio, por exemplo, atira sobre os fanáticos: planos filmados com a câmara horizontal e outros idênticos mas filmados com a câmara inclinada são montados num ritmo que sugere o tiroteio. Trata-se de um recurso pobre e ostensivo, e é a única vez que a tesoura do montador intervém tão evidentemente, interrompendo o ator em sua gesticulação. Esse momento isola Antônio do resto do filme. De fato, os planos longos deixam em geral aos atores uma grande amplidão do movimento. Por que Glauber Rocha sentiu a necessidade, naquele momento, de picar Antônio das Mortes e não encontrou um recurso mais integrado no conjunto do filme para expressar-se?

Antônio das Mortes obteve uma grande repercussão pública, não apenas entre a intelectualidade; foi certamente julgado apto a seduzir o grande público, pois Glauber Rocha recebeu um convite para fazer uma novela de televisão que teria Antônio das Mortes como personagem principal. Antônio recebeu os qualificativos mais grandiloqüentes: ele "se reveste de um determinismo quase didático", "ascende instantaneamente a uma situação clássica", "é a personagem da Necessidade", é um "instrumento eficiente da História". Esse tom é uma constante; outra é que tais grandes palavras não são explicadas. Nos ombros de Antônio das Mortes vão se acumulando palavras enigmáticas que deixam intacto seu mistério. O próprio Glauber Rocha encontra dificuldades em falar de Antônio. Diz que "o filme é uma fábula, só pára para ser realista em Antônio das Mortes". Dependendo do sentido da palavra *realista,* ou todo o filme é realista, ou a ação solitária de Antônio não o é. Diz, por outro lado, que Antônio "também está numa zona mitológica", ou então que "ele é mítico e não é mítico". Indiscutivelmente, Antônio das Mortes resiste à interpretação, não apenas à do cantador cego, mas também à nossa.

Encontramos em Antônio das Mortes uma série de elementos já conhecidos: Rôni (*A grande feira*), Valente (*Sol sobre a lama*), Firmino (*Barravento*), Tônio (*Bahia de Todos os Santos*) são seus ancestrais e, como ele, os *bastardos* do cinema brasileiro. Antônio está entre dois pólos, não se integrando em nenhum; é solitário; não se realiza; enquanto as outras personagens são encaminhadas no fim do filme, ele não o é; desaparece. Ele *dá* as possibilidades de realizar a guerra; a guerra é problema dos outros. Tudo isso, já o vimos em seus ancestrais. Mas, nele, esses elementos aparecem depurados, nítidos; nenhum outro elemento vem obscurecê-los. E, sobretudo, ele afirma o que os outros deixavam em suspenso e apenas estava implícito neles: ele deve desaparecer ou, mais exatamente, deve eliminar-se. Mas é também dotado de uma dimensão que faltava aos outros: a má consciência. Assim reencontramos em Antônio das Mortes aquilo que vimos na análise de *A grande feira*: a estrutura da situação social da classe média, tratando-se desta vez, nitidamente, de sua parte progressista. Ligada às classes dirigentes pelo dinheiro que estas lhe fornecem, pretende colocar-se na perspectiva do povo. Essa situação, sem perspectiva própria, faz com que ela não consiga constituir-se realmente em classe, mas seja atomizada. E Antônio das Mortes tem essa má consciência de que fala Marx. Essa má consciência não é outra que a de Glauber Rocha, que a minha, que a de todos nós, ou melhor, de cada um de nós. E é por isso, parece-me, que Antônio das Mortes tem tamanho poder de sedução, e por isso resiste tanto à interpretação. Porque interpretar Antônio é nos analisarmos a nós próprios.

O cinema brasileiro nunca chegara a esse ponto. De *A grande feira* e *Cinco vezes favela*, em que a classe média se escondia de si própria para escapar a sua má consciência e a seus problemas, até *Deus e o Diabo na terra do sol*, o cinema brasileiro percorreu todo o caminho necessário para que enfim não possamos mais deixar de nos examinarmos a nós próprios, de nos interrogarmos sobre nossa situação social, sobre a validade de nossa atuação e sobre nossa responsabilidade social e política. Antônio das Mortes encerra uma fase do cinema brasileiro e inaugura uma nova: qual é o papel da classe média no Brasil? E esse cinema será predominantemente urbano. Até Antônio das Mortes, tivemos a época em que o cinema conquistou uma maneira de pôr na tela as contradições da pequena burguesia, e nessa época nosso cinema pode ter nos dado a impressão de que a classe média progressista era possuidora de soluções para os problemas do Brasil: agora, depois de Antônio das Mortes, vamos examinar esse problema e, se formos honestos, o que descobriremos não será obrigatoriamente a nosso favor.

Gustavo Dahl diz que, com o advento do cinema urbano, "os filmes serão diferentes. Mas vai haver uma grande surpresa. As pessoas que reprovam o cinema brasileiro por só pensar em favela e Nordeste verão que as coisas ficarão efetivamente muito mais claras quando ditas na cidade [...]. Os filmes falarão de gente como *elas*, que se verão na tela. E não é bom se ver na tela [...]. Estes filmes, *eles* vão ter de engolir".[11] Não, Gustavo, depois de Antônio das Mortes não podemos continuar a nos enganar a nós próprios; se formos honestos, não apenas *eles*, mas nós também daremos pinotes.

Em *Deus e o Diabo na terra do sol*, Antônio das Mortes tem, em si, uma dimensão trágica, pois é impossibilitado de realizar-se em seu mundo e a própria lógica de seu destino só lhe permite encontrar na morte sua realização ("e morrer de vez"); mas tem no filme um papel político positivo, já que torna possível a guerra de Manuel. Mas, por que pensar que a morte do beato e do cangaceiro permitirá a Manuel fazer a guerra? Antônio continua a pensar com os vícios de Firmino (e Glauber Rocha também, ao que parece), que pretendia dar ao povo sua revolução, embora Antônio consi-

11. *Vitória do Cinema Novo*, 1965. Os grifos são meus.

dere seu papel restrito a uma primeira fase. Por que não pensar que a própria guerra destruirá forçosamente o beato e o cangaceiro? Por que não pensar que, se o próprio Manuel não for capaz de eliminar beato e cangaceiro, isto é, de superar suas duas revoltas alienadas, tampouco será capaz de fazer a guerra, ou seja, de tornar sua revolta uma revolução? Não foi Manuel que eliminou suas alienações, foi um terceiro, o que não significa que Manuel deixou de ser alienado. Manuel, depois de ter matado o latifundiário, comporta-se praticamente como um ser inerte, que se deixa guiar pelo beato e pelo cangaceiro; quem afirma que, após a morte de Corisco, Manuel passe da inércia à ação? Muito provavelmente, Manuel procurará agarrar-se a uma nova possibilidade, a uma nova ilusão de saída. E, nesse caso, quem dará a Manuel essa nova ilusão de saída? O próprio Antônio das Mortes? O governo federal? O papel social que Antônio das Mortes se atribui e transforma em destino não será uma mistificação? Aí está, a meu ver, nesta mistificação, a verdadeira e essencial contradição de Antônio, embora esse papel político seja apresentado no filme como coerente e até pré-revolucionário, o que Glauber Rocha confirma após a realização do filme: "Antônio das Mortes é realmente uma personagem deflagradora, uma personagem pré-revolucionária". Mas, por que considerar que Manuel, o povo, é incapaz de livrar-se de sua alienação? Na primeira parte do filme, Rosa, mulher de Manuel, quer que se abandone o fanatismo e que se volte a uma ação mais humana, concreta e racional: por que não ter desenvolvido essa função de Rosa, mostrado sua vitória, seu fracasso, ou a inanidade de suas pretensões? Por que não ter desenvolvido o embrião de revolta de Manuel contra Corisco? Por que considerar que cabe a Antônio das Mortes, à classe média, livrar Manuel de sua alienação? Pensar que a classe média possa fazer toda a revolução popular, isso seria forte demais, e pareceria até anti-histórico; ao povo compete encontrar suas próprias soluções; soluções aprontadas pela classe média seriam eivadas de erros burgueses. Mas pensar que o povo possa fazer toda a sua revolução, inclusive livrar-se de sua alienação, não, isso não. Então, qual seria o papel da classe média progressista? Ligar-se à grande burguesia? Olhar as moscas? Essa contradição, *Deus e o Diabo* não a aborda. Nada indica que o cinema depois de Antônio das Mortes não mostre que a perspectiva que ele pretende abrir para Manuel seja em realidade uma perspectiva para ele próprio, Antônio das Mortes.

A hora e a vez da classe média

Depois de Antônio das Mortes vem um cinema preponderantemente urbano, que já está bastante adiantado. Já nos deparamos com a cidade, não apenas em filmes ambientados em cidades — Rio em *O assalto ao trem pagador* e *Cinco vezes favela*; Salvador em *Bahia de Todos os Santos, A grande feira* e *Sol sobre a lama*; São Paulo em *Cidade ameaçada* —, mas inclusive em *Barravento* e *Vidas secas,* onde a cidade é apresentada como a solução ou a esperança. Sinhá Vitória espera que numa grande cidade seus filhos possam deixar de ser bichos; Firmino traz da cidade as idéias novas e é lá que Aruã vai buscá-las. Falar em cinema urbano é por demais vago. Os seis primeiros filmes que acabamos de citar são urbanos. No entanto, não são incluídos neste capítulo porque suas personagens foram escolhidas entre marginais, de um ou outro extremo social, e por terem escamoteado a classe média, embora expressassem seus problemas. O atual cinema urbano trata claramente da classe média: é a primeira tentativa consciente. Entre os filmes que vimos até agora e estes, não há modificação radical, pois o cinema de ambientação rural não fez senão exprimir problemas da classe média. A mudança consiste no fato de que o corpo-a-corpo vai começar. Os primeiros *rounds* são São *Paulo S. A.* (Luiz Sergio Person, 1965) e *O desafio* (Paulo César Saraceni, 1965).

A PRESENÇA DO PASSADO

Ao aproximar-se da classe média, o cinema também se aproxima da atualidade. Há, é verdade, uns filmes que se ambientam nos dias atuais, como *Barravento, Cinco vezes favela, A grande feira* ou *Sol sobre a lama.* A grande maioria, porém, preferiu o passado, a começar pelos filmes de cangaceiros, tendo o cangaço desaparecido antes da II Guerra Mundial. E nisso está um dos fatores de seu sucesso. O grande público podia aceitar uma identificação com esses bandidos, esses marginais honrados e violentos porque sua situação histórica era uma imunidade contra qualquer tentativa de encarar problemas atuais. A eventual intuição de problemas — aqueles que justificam o sucesso do filme de cangaceiros — era neutralizada.

O fenômeno é velho e ocorre também com o teatro: cinema ou teatro social só têm sucesso de público quando ambientados no passado, quando os problemas apresentados pela obra já foram resolvidos pela história e não podem contagiar o presente. Não são, no entanto, somente esses filmes de intenções comerciais que escolheram o passado; são também os filmes mais participantes de diretores mais enfronhados em sua época, como por exemplo *Vidas secas* e *Deus e o Diabo.* Este passado não é qualquer um: são os primeiros anos do Estado Novo. Todos os filmes que se situam na época da morte de Lampião, como *Deus e o Diabo,* desenvolvem-se implicitamente por volta de 1938. *Vidas secas* situa-se especificamente nos anos de 1940-41, sem fazer referências explícitas ao governo ou a Getúlio Vargas, enquanto *A primeira missa* (Lima

Barreto) alude a Vargas, *Rebelião em Vila Rica* (Renato e Geraldo Santos Pereira) ambienta-se no Estado Novo e Joaquim Pedro de Andrade focaliza insistentemente um retrato de Vargas na casa de Garrincha. E também Carlos Diegues faz uma breve referência iconográfica a Getúlio Vargas em *A grande cidade. Bahia de Todos os Santos* não só se refere expressamente a Vargas, como também quer ser um retrato da ditadura. Vargas foi abordado mais diretamente em pelo menos dois filmes documentários: *Getúlio Vargas, sangue e glória de um povo* (Alfredo Palácios, 1956), e o de Jorge Ileli, de 1963, que continua inédito.

No cinema de ficção, não há a menor dúvida de que essa procura dos anos 1938-41 revela uma indisfarçável tentativa de buscar abrigo atrás do escudo do passado. Não se trata de um problema de censura, pois esses filmes foram realizados num clima de quase total liberdade, mas sim de um adiamento na abordagem dos problemas que deve encarar atualmente a classe média. Quando se aborda o presente, a fronteira entre cultura e política não é nítida. Obras que abordam o passado podem entrar de chofre no domínio da cultura. Não se trata, aliás, de receio individual dos cineastas, mas sim de um movimento geral do cinema brasileiro. O recuo no passado também permite uma visão global de certos fenômenos e uma compreensão de seu mecanismo, e possibilita que se recorra a uma certa elaboração prévia, por mais precária que seja, dessa matéria histórica; por isso, uma certa tranqüilidade estética era possível: tudo isso teria sido praticamente impossível ao se abordar o presente, que teria levado a polêmicas.

Mas esse não é provavelmente o motivo mais determinante. Vargas, morto há mais de dez anos, continua pesando sobre o Brasil. Ainda é um nome popular (revistas como *O Cruzeiro* fazem reportagens periódicas sobre ele) e as conseqüências de sua política populista — que procurava impedir, satisfazendo reivindicações trabalhistas, as atitudes políticas de um povo que começava a fazer sentir sua presença — repercutem até hoje. Por outro lado, se historiadores e sociólogos tentaram estudar esse período, eles são poucos, e o assunto tampouco foi abordado pela arte, pela literatura ou pelo teatro. Sendo assunto passado mas ainda virgem e com repercussões profundas até hoje, nada mais natural que cineastas quisessem enfrentá-lo, tanto mais que passaram sua infância numa época em que Vargas, o *pai* dos pobres ("e a mãe dos ricos em compensação", diz o samba), encontrava-se em todas as bocas, critério do bem e do mal, da verdade e da mentira. Assim mesmo, o cinema pouco disse sobre Vargas: o assunto continua praticamente virgem.

Apesar de toda a enxurrada de filmes rurais, o sertão de hoje foi deixado de lado. No momento em que *Vidas secas* ou *Seara vermelha* foram realizados, não há dúvida de que os Fabianos continuavam existindo, que os nordestinos continuavam emigrando, mas era também a época das Ligas Camponesas, da sindicalização maciça no campo, das invasões de terra, da implantação do salário mínimo nas fazendas: o cinema de ficção não tomou conhecimento da situação sertaneja pós-*Vidas secas* ou pós-*Deus e o Diabo*. Filme sobre a sindicalização rural, houve pelo menos um: foi o documentário dirigido por Carlos Alberto de Sousa Barros e financiado em 1963 pelo governo federal: é o único que se conhece! Aliás, pode-se dizer que todas as forças populares ou burguesas que de um modo ou de outro estavam se movimentando, à procura de modificações da sociedade, não aparecem em filmes de ficção: além das lutas no campo, também foram eliminadas as lutas sindicais de operários ou portuários, de intelectuais e estudantes, bem como de setores mais avançados da Igreja, detendo-se sempre o cinema nos representantes de uma Igreja estratificada. Um cinema efetivamente popular não poderia ter deixado de lado tais assuntos; um cinema classe média podia.

Intenções de abordar o momento presente no campo, houve

algumas: Leon Hirszman e Marcos Farias pretenderam realizar um *Engenho da Galiléia*, Eduardo Coutinho chegou a iniciar *Cabra marcado para morrer*, cujas filmagens foram brutalmente interrompidas em abril de 1964; tais projetos, excepcionais no quadro do cinema brasileiro, não vingaram. Quando esses cineastas quiseram afrontar o presente, não conseguiram realizar suas fitas.

Com ou sem Vargas, houve afastamento do presente e recuo até o passado. Uma atitude clara de recusa do presente encontra-se num debate que foi feito em torno de *Deus e o Diabo*. O filme fora inicialmente pensado com uma terceira parte: "A terceira rebeldia é o mar, que não está no filme, que está acontecendo por aí: são os camponeses". Com esse episódio, a fita teria ficado enorme, e Glauber Rocha tem razão, de um ponto de vista dramático e estético, ao dizer que "a solução encontrada é mais sintética, mais violenta". Mas tal argumento não justifica que o filme não tenha sido construído em função da terceira rebeldia. E um aparteante explica que a terceira parte, que mostraria "o grau de consciência presente do sertanejo", foi justamente eliminada, pois "não era necessária, teria um efeito tautológico". Pois não teria nenhum efeito tautológico, não sendo o presente mera dedução do passado. O que há é resolução de não abordar o presente, e de deixá-lo nas mãos dos outros, assim como os pescadores de Buraquinho deixam sua vida nas mãos de Firmino e Aruã, assim como a guerra de Manuel deve ser dada por Antônio das Mortes. É *reboquismo*. Ainda conseqüência de Vargas.

O cinema que trata da classe média urbana é um cinema dos dias atuais. Existem por enquanto poucos filmes, mas já se vêm delineando algumas tendências: a vida de subúrbio, a pequena classe média em via de proletarização, que está apodrecendo em sua inércia e suas neuroses (por exemplo, *A falecida*, de Leon Hirszman, ou o roteiro não filmado de Paulo César Saraceni, baseado no caso da "fera da Penha", *Desafio*, que não é o roteiro do filme homônimo realizado pelo mesmo diretor), e é o subúrbio carioca o ambiente ideal; quanto à classe média na vida industrial e comercial da cidade, inerte e moída pela grande burguesia, é São Paulo que oferece o ambiente mais significativo e mais problemático, sendo *São Paulo S. A.* o primeiro e por ora único filme crítico sobre esse tema; a intelectualidade, cujo papel é tão importante e tão ambíguo na evolução brasileira, também se torna personagem, e o Rio será o terreno mais propício: *O desafio*. Em geral, apresenta-se uma classe média apática, vivendo num completo marasmo.

Se a cidade é um fenômeno recente no cinema brasileiro de intenções críticas, já serviu de pano de fundo a alguns filmes realizados por volta de 1930. José Medina *(Fragmentos da vida,* 1929), Rodolfo Rex Lustig e Adalberto Kemeny (*São Paulo, sinfonia da metrópole,* 1929) cantaram o desenvolvimento urbanístico de São Paulo. Depois, a cidade ficou praticamente reduzida ao ambiente das comédias musicais e carnavalescas, das chanchadas cariocas, fenômeno importante porque, bem ou mal, a cidade já começava a receber um tratamento cinematográfico, certos tipos vinham sendo elaborados, um certo modo de falar passava para a tela; a chanchada não apresentava ponto de vista crítico sobre a cidade, mas revelava, às vezes ironicamente, certos traços da vida cotidiana. Hoje a cidade volta à tona.

Ao lado de filmes críticos, uma série de dramalhões ou policiais escolhem São Paulo ou Rio para ambientar seus crimes: *Crime no Sacopã* (Roberto Pires, 1963), *O quinto poder* (Alberto Pieralisi, 1963), ou co-produções como *Noites quentes de Copacabana.* Esses, comerciais todos, atingindo melhor ou pior nível artesanal, quase todos apresentam a classe média. Socialmente mal caracterizada, ela se decompõe em *Crime de amor* (Rex Endsleigh, 1965). A mudança de classe e o ninho quentinho com geladeira e amor, como em toda a história do cinema, continuam sendo os grandes temas de filmes comerciais: a moça (Irma Álvarez) de *A morte em três tempos* (Fernando Campos, 1963), embora não vencendo o concurso de Miss Brasil, casa com um milionário e passa a viver na sociedade rica, ociosa e neurótica do Rio, e acaba assassinada. A moça (Irma Álvarez) de *Encontro com a morte* (Artur Duarte, 1965), maltratada em São Paulo pelo marido para quem cozinha com amor, abandona momentaneamente o lar e encontra na alta sociedade carioca um homem que lhe compra um casaco de pele, e acaba assassinada. O assassino (Reginaldo Farias) e a prostituta (Virgínia Lago) de *Morte para um covarde* (Diego Santillan) sonham com um futuro tranqüilo num quarto-cozinha-banheiro; mais tarde poderão cultivar rosas e desejam ir a bailes freqüentados pelas famílias; ele é assassinado e ela se prostitui com a morte n'alma. Não se trata senão de uma outra modalidade da chanchada, que encontrava na ascensão social, via casamento ou concursos vários, um de seus temas prediletos. Aspirações frustradas.

Ao lado desses, outros filmes apresentam visões críticas e encontram seus predecessores nas crônicas de Nélson Pereira dos Santos, *Rio 40 graus* (1955) e *Rio Zona Norte* (1957), e em *O grande momento,* de Roberto Santos.

O GRANDE MOMENTO

Este último filme ambienta-se no Brás, bairro paulistano onde vivem proletários e pequena classe média. As personagens trabalham em geral por conta própria: é um mecânico, um fotógrafo, ou são funcionários. O enredo desenvolve-se num só dia, o do casamento do herói (Gianfrancesco Guarnieri), e confronta o ritual do casamento — terno e vestido, fotografia, festa para os amigos, viagem de núpcias, táxi até a estação — com os meios de vida dessa gente. Embora o casamento seja modesto, embora essa gente trabalhe, não há dinheiro que baste para pagar o casamento.

O filme é uma corrida atrás do dinheiro, culminando com a venda da bicicleta do herói, o que representa um atentado tanto ao indivíduo como ao ser social, pois a bicicleta era meio de trabalho e meio de divertimento, quase parte integrante do homem. Portanto, para submeter-se ao ritual estabelecido pela sociedade, o homem tem de sacrificar-se.

Até aí Roberto Santos é claro. Depois, torna-se um tanto ambíguo, pois reivindica para todo mundo o direito de vestir um terno novo no dia do casamento.

É lastimável que um indivíduo integrado na sociedade não possa cumprir as recomendações dessa mesma sociedade. Mas não se chega a pôr claramente em dúvida o ritual a que se submetem os noivos, embora ele não faça parte integrante do casamento. E se coloca a questão de saber se o ritual vale o sacrifício da bicicleta, se vale a pena respeitar o ritual. Parece-me que a sociedade é culpada por não fornecer a seus membros meios adequados de vida, mas que as personagens podem também ser responsabilizadas por tentarem obedecer ao ritual. O filme é construído de tal modo que fica clara a opressão do dinheiro, e, com boa vontade, o espectador talvez chegue a colocar em dúvida o ritual social. Mas isso não é muito fácil porque as personagens, principalmente o rapaz, são tratadas com imensa simpatia, e, para colocar em dúvida o ritual, era necessário dar pelo menos uma olhadela um pouco crítica sobre o comportamento dos noivos. Sem esse olhar, o filme é uma quase aceitação desse modo de vida. Por isso, tem-se a impressão de que Roberto Santos parou no meio do caminho, e hoje prolongaria sem dúvida seu raciocínio muito mais longe e mais impiedosa e sarcasticamente. Finalmente, os noivos chegam atrasados à estação e não têm dinheiro para comprar outras passagens: otimistas, voltam para a cidade, vão enfrentar a vida. Nesse otimismo, há uma aceitação de não poder cumprir o ritual até o fim; devemos nos satisfazer com aquilo que é da gente mesma.

Apesar dessa reserva, *O grande momento* não só é o filme mais importante do surto de produção independente verificado em São Paulo nos anos 1957-58, como é também um marco na filmografia brasileira. Isso porque, enquanto nascia o surto do cangaço e do Nordeste, *O grande momento* preocupava-se com a vida urbana, não com a intenção de apenas retratá-la, mas sim de analisá-la; porque, na cidade, não escolhia marginais, mas pessoas que representam a maioria absoluta na cidade; porque fazia do dinheiro o motor do enredo; e finalmente porque era uma comédia, comédia triste, com momentos graves e líricos, mas com cenas cômicas e até burlescas, próximas ao tom da chanchada. A própria estrutura do filme — mil e um obstáculos interpõem-se entre a personagem e o alvo — tem muito de comédia. Tudo isso animado por um sadio otimismo e uma ternura paternal para com a luta, os esforços desses jovens inabalavelmente decididos a casar.

O grande momento era um filme adiantado para sua época. Ficou isolado. Era um ponto de partida magnífico para um cinema urbano; lançava temas, personagens, ambientes que poderiam terse desenvolvido, mas os cineastas não estavam aptos ainda a afrontar a cidade. A classe média devia ser atingida via Antônio das Mortes. E o próprio Roberto Santos, embora seja tão empenhado em fazer cinema quanto suas personagens em casar, não teve outra oportunidade de filmar até *A hora e vez de Augusto Matraga* (1965).

A FALECIDA

A vida da classe média que Leon Hirszman mostra nos subúrbios cariocas, em *A falecida* (1965), é bem diferente. Nada de alegria, nada de força de vontade. O marasmo, a estagnação, a decomposição das coisas e das pessoas, a impotência. *A falecida*, baseado em peça de Nelson Rodrigues, é a história de uma alienação. Zulmira (Fernanda Montenegro) deseja morrer e um processo de auto-sugestão leva-a à morte. Vive em função de um enterro digno dos mais ricos, que a redimirá. Está inteiramente cortada da vida real, e oscila, em sua morbidez, entre práticas religiosas ou supersticiosas e a agência funerária que prepara seu caixão. Isso se desenrola num ambiente deprimente, que a fita, filmada em locais naturais, sugere com força: o marido, incapaz de perceber a situação da mulher, está desempregado e procura um bico, sendo o futebol sua válvula de escape; a mãe vive ouvindo radionovelas; os objetos da casa são tristes e degradados; nas ruas, as paredes estão estragadas; chove. As coisas e as pessoas, todas decadentes. A fotografia cinza, os planos demorados traduzem o ritmo arrastado desse mundo que se vai aos pedaços. A interpretação de Fernanda Montenegro, consciente e teatral, ao se opor ao naturalismo das outras interpretações (exceto à de Nelson Xavier, como agente funerário, que destoa) e à mediocridade do meio, valoriza tanto a alienação quanto essa decomposição. Para essa vida, uma solução que é uma alienação coletiva: o futebol.

Diga-se de passagem que recentemente o futebol vem sendo apresentado cada vez mais como uma alienação coletiva: se *Rio 40 graus* mostrava o jogo como uma festa popular, *Garrincha, alegria do povo* (Joaquim Pedro de Andrade, 1962) e *Subterrâneos do futebol* (Maurice Capovilla, 1965), dois documentários, vêem no futebol uma manifestação histérica que aliena o povo. Quanto à alienação de Zulmira, é tanto mais valorizada que até o momento de sua morte faltam-nos informações para compreender o seu comportamento; além disso, o tempo no filme é tão curto que torna inverossímil a evolução psicofisiológica que a leva à morte; assim, a alienação, a vontade de morrer apresentam-se como um fenômeno em si naquele meio degradado.

A falecida poderia ser um esplêndido retrato da vida suburbana carioca e excelente evocação do marasmo em que vive grande parte da classe média do país, em conseqüência das contradições que já vimos e do processo acelerado de proletarização em que se encontra. Carlos Dunshee de Abranches queixa-se: "Um membro da classe média podia ganhar, por seu trabalho, cerca de quinze vezes mais que a remuneração auferida no mais baixo nível da escala social... Em poucos anos, essa diferença de remuneração que dita o padrão de vida reduziu-se para menos de três vezes". A situação do profissional liberal é das mais instáveis, pois, apesar de todos os serviços que presta ao país, continua Abranches, ele "recebe do Poder Público no Brasil um tratamento tal que, dir-se-ia, tem por objetivo eliminar os profissionais liberais... Entre nós, o característico da profissão liberal é a insegurança".[12] *A falecida* sugeriria perfeitamente essa degradação lenta da classe média, esse resvalo para um nível de vida baixo, essa diminuição de suas possibilidades, não fosse a segunda parte do filme, em que um retrospecto dá a explicação do comportamento de Zulmira: tudo isso porque fora adúltera e apanhada em flagrante por uma vizinha. O filme então resvala para uma psicanálise de folhetim, perdendo-se todas as implicações da primeira parte. Tem-se a impressão de encontrar na primeira parte Leon Hirszman, enquanto a segunda é de Nelson Rodrigues. Nessa primeira parte, reconhece-se de fato um aspecto da temática de Hirszman — uma vida que existe em função da morte —, mas as explicações de Hirszman nunca poderiam limitar-se a um adultério.

É a tentativa de descrever o mesmo ambiente suburbano, medíocre e neurótico que fracassou em *Crime de amor*. Mas sobre o tema desse filme, a "fera da Penha", Paulo César Saraceni consegue estruturar o roteiro de *Desafio*, que também é a história de uma alienação. Vida degradada: enquanto Hirszman estrutura uma cena em torno de um indivíduo com dor de barriga, que aguarda

12. *Vitória da classe média*, 1965.

para entrar no banheiro, sendo o ruído da descarga o sinal de alívio, Saraceni introduz sua personagem principal, Valquíria, no momento em que está cortando as unhas dos pés. Personagens mofando, sem saída, sem perspectiva, empurram, de frustração em frustração, sua vida até o dia da morte. Valquíria, frustrado seu amor, frustrada sua maternidade, brinca com um revólver e com um terço no meio de sua ruína, e mata uma menina.

Embora com a mesma significação geral que *A falecida,* o roteiro de Saraceni vai mais longe: a decomposição da vida atinge a estrutura do roteiro, feito exclusivamente de momentos mortos, de pedaços de ação, de fragmentos de conversa. O roteiro decompõe-se em seqüências curtas que pouco colaboram para a evolução do enredo e são praticamente descrições de estados imóveis. As resoluções são tomadas pelas personagens entre as seqüências. Se Saraceni elimina as cenas de decisão é porque não há propriamente resolução, nem decisão. Estamos num nível muito próximo à vida vegetativa. As personagens vão sendo levadas independentemente de sua vontade, não contra sua vontade, pois essa vontade é quase inexistente. E, no meio desses detritos, ecos apagados lembram a existência, lá fora, de um mundo problemático: é uma inscrição, contra o parlamentarismo, em parte apagada, numa parede; é a voz de Alziro Zarur no rádio; é um jornal rasgado apresentando uma vista geral da cidade.

Essa temática, que poderíamos chamar do definhamento, parece normal agora que o cinema vai se aproximando da classe média. As hesitações, a falta de objetividade, a incapacidade de agir que percebemos nas personagens divididas entre dois pólos, encontram na alienação e no marasmo de Zulmira e Valquíria um de seus prolongamentos naturais. Tudo indica que essa virá a ser uma das linhas mestras da temática do cinema brasileiro. Num outro gênero, Arnaldo Jabor, com *O circo* (1965), também se filia a essa tendência. Nesse documentário, não se trata da decadência de uma personagem, mas de um grupo social e de uma atividade profissional: o circo. Após algumas fotografias que sugerem o tempo áureo do circo, é-nos apresentado um medíocre espetáculo de circo, pessoas que continuam trabalhando, mas sem recursos individuais e sociais, para manter sua atividade num nível digno, velhos que exibem lembranças inúteis etc. Como no filme de Hirszman e no roteiro de Saraceni, insiste-se em alguns detalhes degradantes: a lona rasgada, o lamaçal da rua de acesso ao circo. Finalmente, destruído o circo, ficam uns resíduos humanos, homens que dão espetáculos na rua, semiloucos, que, na maior solidão, se tornam objetos de zombaria dos transeuntes ou fazem apelos místicos que ninguém ouve. O roteiro não deixa de lembrar um pouco a técnica de Saraceni em *Desafio*-roteiro: nenhuma parte do filme é apresentada em um bloco só, tudo é fragmentado, partido. O espetáculo circense é recortado em pedacinhos, as entrevistas são interrompidas a cada instante. Os fragmentos são ligados entre si por idéias ou alusões, como numa conversa solta, que desenhe arabescos elegantes e aristocráticos, o que dá ao filme uma certa superioridade sobre seu assunto. A própria matéria é transmitida de modo atomizado, um tanto esfarrapado (e requintado), assim como se diluem algumas das palavras dos entrevistados no burburinho da rua.

Através da decadência da aristocracia rural do Nordeste, é nessa mesma perspectiva, embora sem a morbidez dos filmes precedentes, que me parece enquadrar-se *Menino de engenho* (Válter Lima Júnior, 1965). O pequeno mundo do Engenho Santa Rosa, cercado pela usina que inelutavelmente mais cedo ou mais tarde o absorverá, está em decomposição. O que resta da família do Santa Rosa: um passado brilhante ligado ao imperador, uma terra cuja maior glória é que nela o sol se levante e se ponha. A usina ameaça o engenho; o trem, o carro de boi; o carro, a carroça. O velho Humberto Mauro abordou também o tema da substituição do engenho pela usina num filme lírico de alguns minutos, *Engenhos e usinas*, em que se encara com uma nostálgica resignação o fim do tradicional engenho. Os membros da família do Santa Rosa perderam sua vitalidade, são futuros cadáveres; atores duros movimentam-se, hieráticos, diante de paredes brancas. Os grupos que formam já são fotografias para álbum de família. Ainda vivos, já pertencem ao passado. Uma montagem impiedosa interrompe as personagens no meio de sua ação, os atores no meio de suas evoluções: cortes secos julgam sem remissão as personagens. E a morte domina esse mundo: é a morte da mãe do menino de engenho, de uma amiga dele, de um carneiro de estimação. A essa gente decadente contrapõe-se o menino, inicialmente inquietado pela presença da morte, mas cheio de vitalidade, pele morena, carnudo, olhos grandes e quentes. Antes de mais nada, ele é um olhar, um espectador que não participa. Aos poucos vai se libertando da morte; a descoberta do sexo inicia uma nova etapa em que descobrirá a vida por conta própria. É o momento em que deixa o Santa Rosa para um outro futuro. Essa sugestão da decadência, dura sem ser agressiva, sensível sem ser piegas, abre-se portanto sobre o futuro.

PORTO DAS CAIXAS

Mas o tema da decadência e da alienação já fora lançado há alguns anos por Paulo César Saraceni com *Porto das Caixas* (1963). Numa cidade do interior, completamente estagnada, uma mulher (Irma Álvarez) resolve matar o marido que a oprime. Não querendo fazê-lo sozinha, procura ajuda de seu amante, que hesita; procura ajuda de um soldado, de um barbeiro: negam-se. Afinal, o amante dispõe-se a matar, fraqueja no último momento; é ela que mata o marido. Todo o tempo, é nisso que ela pensa. Qualquer homem é um cúmplice possível, qualquer objeto cortante, uma arma possível. Todo objeto da casa ou da paisagem lhe lembram a mediocridade e a estagnação de que pretende livrar-se, todo gesto ou palavra do marido aumentam seu nojo. É uma idéia fixa em nível patológico, que um arsenal de símbolos ligados à fatalidade e ao erotismo faz resvalar vez ou outra para o dramalhão. A pretensa revolta da mulher deixa de ser realmente uma revolta desde que ela não submete sua idéia à crítica, pois, para libertar-se do marido, que, acidentado, não consegue andar, era desnecessário matá-lo. A situação colocada no início do filme não evolui, permanecendo idêntica a si própria até o fim; o desenlace não traz nenhuma novidade, já que estava implícito nos dados da situação. A ação já acabou antes mesmo de começar. Compreende-se que a violência do gesto de matar, independentemente de sua necessidade objetiva, possa ter uma função libertadora. Mas será que ao deixar a cidadezinha, só, após o crime, a mulher libertou-se mesmo? É muito provável que no cinema brasileiro essa seja a primeira estória de uma alienação caracterizada.

Tal alienação é vivida numa cidade que conheceu outrora uma certa prosperidade. Mas, hoje, a fábrica está parada e invadida pela vegetação; do convento, sobram ruínas. Os trens passam, não param, e o trabalho do marido limita-se a agitar uma inútil bandeira vermelha. Um parque de diversões, vazio; uma venda, vazia, poucas garrafas; uma feira, medíocre e sem entusiasmo. Se há uma vida um pouco mais ativa, a de um adolescente excitado, é um fogo de palha que não tardará a apagar-se. Um comício? É uma ruína de comício, não há força reivindicatória, não se sabe nem o que reivindicar, e *slogans* referentes à reforma agrária misturam-se com cachaça. Não há força alguma nem na cidade, nem dentro das personagens, que possa vir a alterar a ordem das coisas, a decadência geral. Por isso é que a ação acaba antes do início do filme, pois nenhum elemento novo pode vir alterá-la. O roteiro, os planos demorados, os lentos movimentos de câmara valorizam a imobilidade um tanto hipnótica das personagens e tendem a dar mais importância aos objetos inanimados que à vida. A vida estagnou e o homem não é mais importante que a matéria inanimada. Antes pelo contrário: até, em sua alienação, o homem torna-se matéria inanimada. A personagem principal, vivendo de uma idéia fixa e incapaz de programar sua vida, é uma-mulher-que-vai-assassinar-o-marido, assim como uma mesa é uma mesa. O sol, a paisagem, as ruínas, o chão, uma árvore, uma parede caiada, uma toalha ou um espaço vazio são tão personagens quanto as personagens propriamente ditas. Uma fotografia (Mário Carneiro) esbranquiçada, superexposta, esmaga essa água morta. A música repete obsessivamente seus dois temas. Falta pouco para que a natureza, a vegetação, a pedra se tornem soberanos e o homem não passe de uma longínqua lembrança. A vida agoniza.

Antes de *Porto das Caixas,* Saraceni fizera uma tentativa de expressar a decadência de uma vila com o filme documentário *Arraial do Cabo* (1959). A instalação de uma indústria química, que despeja seu lixo no mar, mata os peixes, o que elimina aos poucos os pescadores, obrigados assim a se afastarem cada vez mais da aldeia para trabalhar. Embora, no fim do filme, pescadores e operários confraternizem, a impressão que se guarda desse filme bastante ambíguo é uma visão desfavorável da indústria e, sobretudo, o discurso de um bêbado semilouco falando para ninguém.

O grande público não gostou de *Porto das Caixas* — nem podia gostar desse filme lento e vazio — e a maioria da intelectualidade tampouco; o comício principalmente chocou. Não podia ser de outro modo numa época em que a senha era a palavra desenvolvimento. No entanto, *Porto das Caixas* abria para o cinema brasileiro um caminho que agora está sendo trilhado. Se houve pessoas que puderam ter dúvidas quanto ao fato de *Caixas* expressar um aspecto fundamental da sociedade brasileira, a alienação, hoje já se deixou de ter dúvidas a esse respeito. Embora não fosse um filme urbano, tinha como temática a alienação da classe média e anunciava o cinema ambientado no subúrbio carioca. Saraceni não teve intenções de retratar uma cidade do interior: os elementos selecionados dessa cidade só o foram em função do drama. Apesar de sua ambientação, tudo caracteriza o filme como se referindo à classe média.

A atmosfera de *Porto das Caixas*, a ambientação em cidade do interior, o ritmo lento, a fotografia esbranquiçada certamente não são uma inovação no cinema brasileiro. É até possível que a temática do filme tampouco o seja. Desconheço *Limite*, que Mário Peixoto realizou no Rio em 1930, mas, através de algumas fotografias, trechos de roteiro e certas declarações, pode-se imaginar algumas afinidades entre os dois filmes. Certas ruas de *Limite*, uma "árvore completamente seca e desgalhada", "ruína com plantas nascendo dentre as pedras", "arcada em ruínas", "campo vazio visto de longe",[13] paredes nuas; o valor dos objetos, a cesta, a máquina de costura, a tesoura, representando uma vida monótona e mesquinha que a mulher recusa; o marido, "um miserável", arriado no chão; tudo isso que se encontra em *Limite* também poderia caracterizar a ambientação de *Porto das Caixas*. O roteiro indica uma montagem lenta. Para esse ambiente interiorano, Edgar Brasil deve ter feito uma fotografia esbranquiçada, do tipo de branco que se encontra hoje no cinema brasileiro, embora mais sedoso, como aquele que conseguiu para algumas fitas de Humberto Mauro. Mas não é apenas plasticamente que as duas fitas são parecidas. Essa mulher de *Limite*, que repudia um marido nojento e que rejeita sua vida de costureira do interior, é possivelmente irmã da assassina de *Porto das Caixas*. *Limite* não conta apenas a vida de uma personagem, mas de três, de que se diz que são três vidas arruinadas, e a solução, fracassada, que encontram não é uma tentativa de revolta, mas de fuga.

13. Os trechos entre aspas são extraídos do roteiro de *Limite*.

É possível que, em parte, *Limite* e *Porto das Caixas* tenham afinidades quanto à inspiração. É mais possível que as motivações principais das duas fitas sejam bastante diferentes, o que, todavia, não impediria uma filiação de forma e conteúdo. Na época, Otávio de Faria foi caloroso defensor de *Limite*; atualmente, se vê com generosidade o conjunto do Cinema Novo, é *Porto das Caixas* que merece sua preferência;[14] esse fato também viria confirmar possíveis afinidades entre as duas fitas. Não é gratuitamente que se quer estabelecer tal filiação. Já vimos que certos aspectos importantes do atual cinema brasileiro, como o populismo, o marginalismo de cima e o de baixo, encontravam-se muito provavelmente esboçados no cinema que se fazia por volta de 1930. Filiar *Porto das Caixas* a *Limite* seria encontrar mais uma relação entre o cinema de hoje e o de há mais de trinta anos. Não se deve esquecer que 1930 é o ano de uma revolução promovida pela burguesia industrial. Ir além dessas insinuações seria arriscar muito — o cinema daquela época continua praticamente desconhecido —, mas há provavelmente pesquisas frutíferas a fazer nesse sentido.

A MITOLOGIA DE KHOURI

Com seu sexto e principal filme, *Noite vazia* (1965), Walter Hugo Khouri também focaliza aspectos da vida urbana. Não o subúrbio, mas São Paulo, a vida noturna da grande metrópole. Khouri é diretor há mais de dez anos; desde 1954, quando realizou *O gigante de pedra*, vem fazendo um filme a cada dois anos mais ou menos, em que elaborou uma temática idealista: num mundo em que a água é o critério do bom, da verdade, da pureza, é o aconchegante ventre materno, um pequeno grupo de indivíduos isolados,

14. Conforme artigo publicado em *Cadernos Brasileiros*.

de paixões exacerbadas, se entredevoram, se destroem; os mais pervertidos, os corruptos, são condenados; para os bons, os inocentes, os puros, ainda sobra uma esperança, desde que se afastem dos pervertidos, protejam sua pureza e se entreguem à grande mãe natureza. Típica temática romântica que encontra em *A ilha* (1963) sua melhor expressão.

A ilha segue o esquema dos filmes anteriores: um grupo de pessoas acha-se isolado do resto do mundo, sem poder tomar suas referências no mundo exterior; o ar rarefaz-se, as paixões exacerbam-se, os homens entram num processo de destruição e de autodestruição. No fim do filme, só restam mortos e vivos que não valem muito mais do que os mortos, que são mortos por dentro. Esse esquema tem um sentido metafórico: o isolamento representa a condição humana determinada pelo absurdo em que ninguém se comunica. Sobre esse esquema, é enxertada, em *A ilha* como nos outros filmes, uma mitologia que tem suas fontes em autores como Edgar Allan Poe e Baudelaire. Essa mitologia parece ser dominada pelo tema do tesouro escondido. O tesouro que aparece em *A ilha* sob a forma de riquezas abandonadas por piratas do século XVIII apresentava-se em *Fronteiras do inferno* sob a forma de um diamante que um garimpeiro roubava e, em *Na garganta do diabo*, sob a forma de um cofre que um velho escondia para que os soldados não o roubassem.

Parece que nos filmes de Khouri a idéia de tesouro esteja ligada a um momento e um lugar onde a imobilidade e a calma total oferecem uma possibilidade de realização, longe das desordens e das dificuldades do mundo. O homem esforçar-se-ia por atingir esse ideal sem nunca o conseguir. Seu fracasso é sempre completo. Quando deixa a busca, vã, está irremediavelmente vencido. Até *A ilha*, Khouri não conseguira expressar tão bem sua mitologia. As concavidades da ilha rochosa, que guardam o tesouro, são inacessíveis. Os homens mais temerários encontram a morte durante a procura. Os outros desistem. De qualquer modo, a ação dos homens é vã. Note-se que essa busca não é ocasional, sendo cercada por Khouri de todo um ritual, de uma espécie de nobreza especial, que tem até seus brasões (bandeiras, signos...), como nos romances de cavalaria.

Outro elemento fundamental da mitologia de Khouri é o gato. Em *A ilha* há até dois gatos. O primeiro, preto, é deixado em casa para que não corram risco algum os peixes que serão levados no aquário durante o passeio. Cuidado inútil, pois o primeiro encontro que se dá na ilha é justamente com um gato, alegoria do destino. O gato quer atacar os peixes do aquário; o conde, que conseguiu com dificuldade esse casal de peixes, atira no gato, mas não acerta. Entretanto, nas duas vezes, o gato estava perto e o conde é bom atirador. Há aí algum fenômeno ilógico, alguma influência sobrenatural. No fim do filme, os sobreviventes deixam a ilha e o conde esquece o aquário. Então, o gato apodera-se dos peixes e volta à sua morada, nada menos do que a caverna que guarda o tesouro tão ambicionado pelos homens. Assim, Khouri, alegoricamente, faz o destino apoderar-se das criaturas e destruí-las.

O aquário também não é novo nos filmes de Khouri. Em *Fronteiras do inferno* viam-se cobras mortas conservadas em vidros cheios de formol, e Luigi Picchi era fotografado em primeiro plano atrás desses vidros, como o é, em *A ilha,* atrás do aquário. Mas, em *A ilha,* o aquário é a própria alegoria do filme. Os peixes encontram-se isolados de seu meio natural, que é a água corrente, e deve parecer absurdo conservar peixes num aquário quando há tanta água doce e salgada ao redor. Esse absurdo é grifado pelo plano em que vemos o aquário tendo o mar como pano de fundo. Do mesmo modo, as personagens do filme são extraídas artificialmente de seu meio. Mais ainda: os dois peixes são separados por um vidro, que o conde só tira quando a excitação sexual é suficientemente intensa. É o mesmo jogo que se desenrola na ilha, onde o conde também é o *meneur de jeu*. Uma montagem contrapõe às vezes uma cena entre as personagens com planos dos peixes batendo inutilmente no vidro para se encontrarem. Quanto às personagens, o fracasso é flagrante, pois estas, como os peixes, integram o sistema de signos fixos e estáticos. Assim como o gato é o destino, os peixes a incomunicabilidade, as personagens são alegóricas: César é o sadismo, Cora, o amor puro e romântico etc. As personagens não vivem, são fixadas em seu significado abstrato e manipuladas pelo diretor como objetos. Se até agora temos visto uma classe média que não conseguia expressar suas contradições mas lutava para isso, aqui vemos uma classe média que implicitamente aceita tais contradições, transforma-as em princípios metafísicos e, angustiada e romântica, põe-se a sonhar.

Antes de *A ilha,* Khouri não obtivera sucesso de público. Conseguira somente despertar o interesse da crítica. *A ilha,* pelo contrário, tornou-se um dos maiores sucessos de bilheteria do cinema brasileiro, pelo menos em São Paulo. Esse sucesso justifica-se pelo fato de que, por um lado, temos o espetáculo de uma alta burguesia endinheirada a que nenhum luxo, extravagância, excesso é proibido; por outro lado, essa gente é apresentada como sendo farrista, depravada, decadente; fica assim satisfeito um público classe média que vê na tela manifestações de uma vida a que aspira; e a apresentação desfavorável das pessoas que a levam compensa de um certo modo a insatisfação que poderia provir do nível inferior de vida do espectador. Em *A ilha,* mora-se em palacete, possui-se iate, uísque corre que nem água. Desde *Estranho encontro,* Khouri contempla os copos de uísque que os burgueses se dão ao luxo de quebrar em seus momentos de raiva (esse mesmo gesto também seduziu o Abílio Pereira de Almeida de *Santa Marta Fabril S/A*).

A farra e o esbanjamento de dinheiro prosseguem em *Noite vazia*. Neste último filme, Khouri não dá tanta importância a sua mitologia, ao sistema de signo. Reencontramos o pequeno grupo de indivíduos isolados, dividido em personagens definitivamente pervertidas, enrijecidas no vício, corruptas, e em personagens que ainda não foram totalmente conquistadas pela corrupção, cuja pureza, sensibilidade, espontaneidade representam uma possibilidade de salvação; a caverna tornou-se uma *garçonnière*; a água purificadora aparece sob a forma da chuva que, na sacada, cai sobre o corpo nu das personagens no momento da verdade; na cena da banheira, o meio aquático dá ensejo ao despertar de um amor autêntico, desvinculado da corrupção; o nostálgico levantar da câmara, no fim do filme, sobre a copa frondosa de uma das poucas árvores que sobram entre os prédios, está a lembrar uma natureza perdida e a sempre presente possibilidade de salvação por meio do panteísmo. Fora essas poucas alusões, que, contrariamente aos trabalhos anteriores, não invadem o filme, a mitologia desempenha um papel discreto. O sexo é que mereceu dessa vez os cuidados de Khouri.

O sexo não estava ausente dos outros filmes, mas era tímido, velado. Dessa vez, Khouri desinibiu-se. *Noite vazia* dá a impressão de ser a concretização daqueles sonhos de adolescentes que ainda não descobriram o sexo alheio. Há simultaneamente uma exaltação impaciente e cerebral e uma degradação do sexo. Troca de parceiros, projeção de filmes pornográficos, lesbianismo, tudo isso num verdadeiro delírio de *voyeur*. *Voyeurs* são as personagens em relação a si próprias e aos filmes pornográficos, e também o diretor e os espectadores em relação às personagens. Atitude de *voyeur* tem a câmara que se esconde atrás de uma estante ou das grades de uma cama para focalizar as personagens. Objetos de *voyeur*, o espelho em cima da cama e ao lado da banheira, e os quadros de mulheres nuas. Símbolo de *voyeurisme*, esses olhos do presidente Kennedy que entram numa montagem rápida com o rosto do pervertido e solitário Mario Benvenuti olhando a paz amorosa do casal Norma Benguel-Gabriele Tinti.

No entanto, nesse seu primeiro filme realmente urbano, Khouri demonstra sensibilidade em relação ao ambiente da cidade. As personagens existem nas ruas de São Paulo: o vazio com que se depara o homem de negócios depois de fechar o escritório leva-o a preferir, à companhia da esposa, a daquelas meninas que ainda não são prostitutas e esperam encontrar na galeria Califórnia um alívio para o orçamento mensal. Há também, na galeria Califórnia ou na avenida São Luís, meninos que se aproximam com espanto dos trinta e que nada têm a fazer de noite senão cultuar doloridos complexos. E o que fazem os neuróticos do filme não representa exagero algum em relação ao que ocorre em determinados apartamentos do centro da cidade. Também é verdadeiro o papel do dinheiro em *Noite vazia*. Para afirmar-se, Mario Benvenuti precisa tanto do exibicionismo sexual quanto do monetário. Tem dinheiro, compra seu amigo e sua amante, que, para ele, se tornam objetos. É com um maço de notas jogado na cama, entre Norma Benguel e Gabriele Tinti, que ele pretende destruir a harmonia momentânea dos dois namorados. E, a fim de conservar o monolitismo das personagens, os puros ficam à margem do circuito do dinheiro, manejado exclusivamente pelos pervertidos.

Muito dinheiro entra em jogo nesse filme, mas não é apenas por intermédio do dinheiro que Khouri torna presente a importância da quantidade na vida urbana e industrial. Como inúmeras obras modernas, *Noite vazia* tem um pouco o aspecto de um inventário; todo mundo vem fazer uma reza no altar cultural da sociedade reificada; não é por nada que Robbe-Grillet teria apreciado o filme. Contam-se notas na tela, exibe-se fartura no café-da-manhã, mas são principalmente as mulheres os objetos do inventário:

Odete Lara é a 368ª na vida de Mario Benvenuti; além das duas principais, nove mulheres desfilam no filme, isso sem computar as inúmeras que, sob forma de bonecas, esculturas, fotografias, pinturas, filmes ou pedras de gelo, aparecem aqui e ali, o que culmina com a própria quantificação do erotismo representada por fotografias de um templo hindu. Sob o signo da quantidade encontra-se também o enredo: acumulam-se as tentativas de encontrar algo suscetível de divertir as quatro personagens entediadas. Infelizmente, esse aspecto do filme, que, embora não apresentando novidade, me parece importante para o cinema brasileiro, não chega a adquirir toda a significação que poderia ter: a puerilidade com que freqüentemente é introduzido o dinheiro no filme, a preocupação tenaz em manter o quarteto de personagens em sua perspectiva metafísica no tom salvação/danação, o tratamento pornográfico e comercial do sexo impedem a quantidade e o *voyeurisme* de expressar a reificação e um alheamento da vida, e chegam quase a tornar *Noite vazia* um filme feito para chocar o público dos domingos e os censores.

BIPOLARIDADE

Outro elemento a notar no filme, e que também é prejudicado por sua pretensa carga metafísica, é a simetria entre os dois casais. A oposição entre casais pervertidos, condenados a não amar, e casais românticos e puros percorre toda a obra de Khouri. Enquanto o casal Norma Benguel-Gabriele Tinti ainda é puro, não toca em dinheiro, o casal Odete Lara-Mario Benvenuti é pervertido e manipula dinheiro; em cima da cama do primeiro casal, um quadro representa duas meninas no estilo de Marie Laurencin; em cima da cama do segundo casal, carnudas mulheres nuas vão ao banho; o sono calmo e carinhoso de Gabriele Tinti opõe-se à solidão angustiada de Mario Benvenuti: são os clímax psicológicos dessas duas personagens; à lembrança infantil de Norma Benguel, chuva e bolos na frigideira, corresponde o pesadelo de Odete Lara; e os exemplos são numerosos. Quanto aos dois homens, suas relações são idênticas às que ligam as duas mulheres. Assim, as quatro personagens são simétricas conforme um eixo vertical e um eixo horizontal. Essa dicotomia fortemente acentuada no filme, e que se encaixa provavelmente na perspectiva do *voyeurisme*, faz de *Noite vazia* um jogo de espelhos.

É possível que tal dicotomia levante um problema interessante. Embora não tenha ainda havido referência específica a esquemas dicotômicos, estes foram implicitamente sugeridos pelas personagens que se encontravam entre dois pólos. Rôni, por exemplo, em seu vaivém entre a alta burguesia e o lumpemproletariado, entre suas duas amantes que pertencem a esses dois pólos sociais, representa de certo modo um eixo de simetria entre os dois extremos sociais. É válido perguntar se essa situação entre dois pólos, fundamental para numerosas personagens e para o conjunto da temática do cinema brasileiro, não poderia atingir, não apenas personagens, mas também a própria estrutura dos filmes.

Não há muitos filmes que respondam ao apelo. Num ou noutro, poderemos encontrar recursos desse tipo, bastante significativos, em *Os vencidos*, em que, como num jogo de espelhos, o pescador extremista responde ao grande burguês extremista, e a gentil burguesa ao gentil pescador; em que os extremistas radicais que morrem fazem eco aos centristas conciliadores que permanecem em vida. Mas é principalmente *Deus e o Diabo na terra do sol* que nos oferece uma estrutura simétrica óbvia. As duas fases da revolta de Manuel são sugeridas, de um modo maniqueísta, por Deus e pelo Diabo, pelo Bem e pelo Mal, entre os quais Antônio das Mortes vê uma relação dialética: "Pra melhorar por bem tem de destruir por mal" (frase suprimida na versão final do filme). Essas duas fases da revolta têm estruturas praticamente iguais: ao episódio do fanatismo violento dominado pelo beato corresponde a violência mística dominada pelo cangaceiro, à cena da capela em que culmina a ação do beato corresponde a cena da fazenda em que culmina a ação do cangaceiro (as duas únicas cenas de interiores referentes ao fanatismo e ao cangaceirismo). À cena de Antônio das Mortes com o padre e o fazendeiro, encravada na primeira parte, corresponde a cena de Antônio com o cego, encravada na segunda parte. Quer dizer que há um jogo de correspondências e de simetrias, não total, mas relativamente complexo.

Correspondências e simetrias não são novidade, e nós as encontramos tanto na poesia simbolista como na comédia de *boulevard* ou no teatro épico, ou na sabedoria popular. No entanto, o fato de haver uma dicotomia tão acentuada em dois filmes como *Noite vazia* e *Deus e o Diabo*, opostos por tantos motivos ideológicos e formais, torna lícito perguntar se essa simetria não seria o reflexo, no nível da estrutura (independentemente dos enredos, dos conteúdos, das posições ideológicas), da situação daquelas personagens que vimos divididas entre dois pólos, situação essa em que localizamos a expressão das hesitações, da incapacidade da classe média brasileira. Ou melhor, se a classe média — sem projeto próprio, vinculando-se, por motivos diversos, tanto à burguesia quanto ao povo — não expressaria essa bipolaridade através de estruturas simétricas. É uma pergunta. É cedo demais para responder afirmativa ou negativamente, mas me parece ser uma linha de pesquisa válida.

SEXO, ABJEÇÃO E ANARQUIA

Insistir sobre o sexo não é particular a Walter Hugo Khouri: é toda uma corrente do cinema brasileiro, que se explica por óbvios

A grande feira: Roni e Maria da Feira (Geraldo del Rey e Luísa Maranhão).

A grande feira: Roni e a grã-fina (Geraldo del Rey e Helena Inês).

Barravento: Aruã (Aldo Teixeira).

Barravento: Firmino (Antônio Sampaio).

Vidas secas: Fabiano (Átila Iório).

Vidas secas: andando para um futuro desconhecido.

Sol sobre a lama: Valente (Geraldo del Rey).

Bahia de Todos os Santos: perplexidade de Tônio (Jurandir Pimentel).

Os fuzis: o desespero de Gaúcho (Átila Iório).

Deus e o Diabo na terra do sol: Antônio das Mortes (Maurício do Vale).

São Paulo S. A.: Carlos (Valmor Chagas).

O desafio: Marcelo (Oduvaldo Viana Filho).

Grande cidade: o ludismo de Calunga (Antônio Sampaio).

motivos comerciais e sensacionalistas, mas também por motivos sociológicos. Glauber Rocha tem certamente razão quando vê numa pornografia que se esbalda uma forma de anarquia estéril e impotente.[15] Trata-se de uma exploração paroxística do sexo, que, sem recorrer a *desfiles de superbeldades* ou a nus *artísticos*, manifesta, por parte dos diretores e roteiristas, um exibicionismo que chega às raias do histerismo. Encontramos um coito tremido em *Seara vermelha;* prostitutas de urinol na mão, além de um abrir de braguilha antes e de um fechar depois do ato sexual, em *O tropeiro* (Aécio de Andrade, 1964). *A sina do aventureiro* (José Mojica Marins, 1959) tem também suas peculiaridades, com uma mulher que tira a calcinha quando o homem já está em cima dela; *Os cafajestes* (Rui Guerra, 1962) tem coitos de vários tipos e uma seqüência dedicada a Norma Benguel nua. O fenômeno não passaria de um elemento natural da produção comercial numa sociedade em que a pornografia é organizada e comercializada, se esses filmes fossem da mesma categoria. Mas são diferentes em intenções e resultados: *A sina do aventureiro* é de péssima qualidade, com finalidades estritamente comerciais, enquanto *Os cafajestes* ou *Noite vazia,* ainda que de resultados discutíveis, são obras de intelectuais inquietos.

A esse tratamento dado ao sexo relaciona-se outro sinal de revolta anárquica: a abjeção. Apresentando ao mundo (à burguesia) uma imagem degradada dele mesmo, pensa-se condená-lo, rejeitá-lo. Em realidade, essa degradação revela mais autodesprezo do que vontade de atuar sobre o mundo. A ação dessa atitude sobre o público está limitada, pois ele aceita não sem prazer a imagem de um mundo aviltado. Essa atitude encontra um perfeito exemplo no plano final do filme de Alberto d'Aversa, *Seara vermelha*: uma moça sacrificada pela sociedade cospe sobre a platéia. Tal atitude,

15. "Uma estética da fome", 1965.

ainda que numericamente rara no cinema brasileiro, não deixa de ser significativa de um certo tipo de comportamento, de um determinado mal-estar desorientado. A impotência na ação, ou porque não se saiba ou porque não se possa agir, pode levar a uma louca vontade de xingar.

Sexo desenfreado e abjeção, ambientados na pequena e alta burguesia, essas são as principais características da obra teatral de Nelson Rodrigues que chamaram a atenção dos produtores cinematográficos. Nelson Rodrigues nunca fez cinema, mas teve várias peças (e um romance, *Meu destino é pecar*) filmadas: *O Boca de Ouro* (Nélson Pereira dos Santos, 1962), *Bonitinha mas ordinária* (J. P. de Carvalho, 1963), *Asfalto selvagem* (J. B. Tanko, 1964), *O beijo* (Flávio Tambellini, 1964), *A falecida*. Além disso, Eduardo Coutinho, co-roteirista de *A falecida*, fez um roteiro baseado na série de crônicas intitulada *A vida como ela é*. E foi filmada a continuação de *Asfalto selvagem*, *Engraçadinha depois dos trinta*. Glauber Rocha quase adaptou também uma peça de Nelson Rodrigues. Basta esta lista para indicar que Nelson Rodrigues é um raro sucesso no cinema. Escapam ao espírito de Nelson Rodrigues: *A falecida* em sua primeira parte; com o frio *O Boca de Ouro*, Nélson Pereira dos Santos adaptou uma peça do dramaturgo mas não quis sujar as próprias mãos; em *O beijo*, ao adaptar *Beijo no asfalto*, Tambellini eliminou o que de mais válido havia na peça, a imprensa sensacionalista, conservando apenas o sexo, a que deu uma forma do gênero expressionista norte-americano.

Nelson Rodrigues no cinema significa: sexo, virgindade, estupro, ninfomania, pederastia, lesbianismo, prostituição, moça aparentemente ingênua encomenda curra sob medida, professora primária dedicada revela-se prostituta, político que engravida a filha baseia sua campanha na moralidade, sogro pederasta com ciúme do genro, grã-fino oferece curra como espetáculo a seus amigos, mais tuíste e uísque, mais piscinas e apartamentos de luxo, mais o *laborioso vômito público* dos valores consagrados: a bomba atômica tem as costas largas, pois serve de pretexto a essa mostra de putrefação pretensamente apocalíptica a que chegou um certo grupo social. Burgueses enriquecidos comportam-se como imperadores romanos aos quais o dinheiro dá todo poder sobre os outros. Os valores não passam de uma frágil camada de verniz, que esconde, momentaneamente, a podridão. A gangrena atinge essa sociedade pelo sexo e contamina os grupos sociais que vivem a seu lado ou, mais exatamente, a classe média que serve à burguesia e se humilha a seus pés. Nelson Rodrigues afirma que a população brasileira é composta por esses indivíduos servis, a que o dinheiro de seus donos tirou qualquer forma de dignidade. Desfecho: um escravo-classe média e a professora-prostituta formam um casalzinho romântico que escolhe a dignidade e rejeita o dinheiro e o mundo em que o homem "só é solidário no câncer"; isto é, só no mal, na doença, no vício, na decadência, os homens são irmãos. Essa cloaca erigida em metafísica resulta em: "Creio que o homem em todos os quadrantes é um caso perdido, um ser trágico, que ama e morre, vivendo entre essas duas limitações. A meu ver, nada diminuirá a angústia humana. Mesmo transformando todos nós em Rockefeller, cada um com 880 iates, cinqüenta amantes, casas na Riviera, não sairemos de nosso inferno, continuaremos míseras criaturas. Crer que essa angústia possa ser eliminada é digno de um simplório ou de um canalha"; e "A sociedade verdadeira, a autêntica comunidade humana, é extra-social".

Estamos em pleno conformismo: deixemos que os ricos fiquem ricos, já sofrem bastante com sua angústia, e voltemo-nos para a comunidade extra-social. Se Nelson Rodrigues, aliás, tivesse uma compreensão mais realista e menos metafísica e moralista de seu escravo-classe média, poderia chegar a conclusões mais incisivas. Quanto ao retrato de uma alta burguesia degradada, não repercute porque as personagens são falsas e não há análise do grupo social. Nelson Rodrigues talvez tenha tido a intenção de fustigar o burguês ignóbil: "... enveredei por um caminho que pode me levar a qualquer destino, menos ao êxito... estou fazendo um teatro desagradável, peças desagradáveis...". Engano: após reticências iniciais, a burguesia fez o sucesso de Nelson Rodrigues; os ingredientes de *Bonitinha mas ordinária* são justamente os alimentos prediletos do masoquismo de uma burguesia que gosta de receber bofetadas na cara; ela observa, com um prazer mal disfarçado de ironia, o lixo que o autor despeja sobre ela. Mas quem justifica a adaptação cinematográfica das peças de Nelson Rodrigues não é a alta burguesia, e sim a classe média, que encontra na tela aquele luxo, abundância, esbanjamento que acredita serem características de uma vida a que aspira; e, por outro lado, a xingação a que são submetidos os *privilegiados* compensa uma eventual frustração. Boa maneira de manter cada um em seu lugar e evitar qualquer alteração do *statu quo*.

CANALHA EM CRISE

Dessa classe média que serve de apoio à metafísica de Walter Hugo Khouri e que tem sido contaminada pelo dinheiro de seus donos a ponto de perder sua dignidade, o que leva Nelson Rodrigues a uma posição conformista, Miguel Borges esboçara um retrato crítico em 1963, com *Canalha em crise*. Uma das personagens centrais do filme é um jornalista, encarregado pela revista onde trabalha de escrever uma reportagem sobre as atividades de um grupo de marginais. A reportagem é recusada por ser violenta demais. A revista pede um texto mais suave. Mas são justamente aquelas idéias que ele queria transmitir, e não outras. Embora ameaçado de perder o emprego se não entregar outra reportagem satisfatória, ele não consegue escrever... até conseguir. Chega à conclusão de que não adianta bancar o herói e de que, no fundo, vai dizer mais ou menos a mesma coisa com outras palavras. O jornalista, após ter afirmado que não escreveria outra reportagem, transige. Conforme suas próprias palavras, não passa de um "intelectualóide metido a besta". Encontra um meio-termo que satisfará todo mundo: dirá mais ou menos o que quer (talvez menos do que mais), e ficará em paz com suas preocupações sociais, permanecerá no emprego e não chocará a sociedade que representa a revista. É a conciliação. Quando a noiva percebe sua atitude, ela tenta colocar o problema de modo um pouco mais claro: "O importante é tomar uma decisão", e ele resolve sumariamente a situação: "Você está exagerando tudo, como se uma reportagem fosse o troço mais importante do mundo". Tudo isso se dá entre quatro paredes, nunca o jornalista é visto em contato nem com o objeto de sua reportagem, nem com a revista, e, quando olha pela janela, desfoca-se a paisagem da cidade. Está enclausurado. A personagem do jornalista, composta em 1963, já coloca personagens e temas importantes que se desenvolveriam mais tarde, nos filmes de 1964-65. Embora esquemático e nem de todo inteligível, *Canalha em crise* é um filme de certo modo precursor: a censura o interditou durante vários anos, prejudicando os debates que teria suscitado.

SÃO PAULO SOCIEDADE ANÔNIMA

São Paulo S. A. (Luiz Sergio Person, 1965) é um dos primeiros filmes que colocaram com agudez o problema da classe média. O filme ambienta-se em São Paulo, entre 1957 e 1960, no momento da euforia desenvolvimentista provocada pela instalação no estado de São Paulo de indústrias automobilísticas estrangeiras. Person, de modo muito significativo, não escolheu como personagens os empresários dessa indústria, mas sim pessoas que aproveitaram o *boom*, montando pequenas fábricas que vivem na dependência da grande indústria. Os donos dessas pequenas fábricas, que surgem da noite para o dia, desenvolvem-se e enriquecem às custas da inflação (o dinheiro é substituído pelo crédito) e de manobras mais ou menos desonestas. Uma primeira característica dessa classe média que euforicamente enche os bolsos está em que o desenvolvimento industrial não resulta dela, mas ela aproveita o desenvolvimento com o fim exclusivo de enriquecer: está na total dependência da grande indústria, pela qual é condicionada, obrigando-se a obedecer-lhe cegamente ponto por ponto. Representa essa situação o italiano Arturo (Otelo Zelloni), que vai construir sua fábrica perto da Volkswagen, da Willys etc. Quais são os seus objetivos? Ampliar sempre mais sua fábrica e elevar seu nível de vida. Mais nada. O teto de Arturo é um carro norte-americano que dê na vista, um escritório digno de um grande empresário, fazer publicidade, ter um apartamento na cidade e uma casa de campo, ter amantes bonitas; bom pai de família, satisfaz-lhe as necessidades sem, por isso, dar-lhe atenção demais. Figura simpática e dinâmica. Arturo, para chegar a seus fins, não hesita em adotar atitudes servis, como as que toma para vender suas peças à Volkswagen, e em se aproveitar de todo mundo, seja sua amante, seja seu gerente ou seus operários, os quais são entregues sem defesa à exploração.

Nesse meio vive Carlos (Valmor Chagas), personagem principal da fita. Quem é? Trabalha num escritório. Após um curso de desenho industrial, havendo ampla procura de mão-de-obra, entrou para a seção de controle da Volkswagen, a qual ajuda Arturo a vender peças inadequadas, razão por que acaba sendo demitido. Pede auxílio a Arturo, que lhe oferece um emprego em sua fábrica, da qual chega a ser gerente. Simultaneamente, Carlos tem várias amantes, mas não consegue estabelecer relações sólidas com nenhuma; namora Luciana (Eva Wilma), moça encontrada num curso de inglês, com quem se casa. Se Carlos torna-se gerente da firma de Arturo, não é porque o queira: as circunstâncias são tais que acaba nesse posto, mas sem o menor gosto especial nem pelo cargo, nem pela firma. No entanto, desempenha eficientemente suas funções.

Como tantos rapazes em São Paulo, Carlos tentou, fazendo um rápido curso técnico e aprendendo inglês, tornar-se apto a encontrar serviço numa cidade predominantemente industrial, que podia absorver mão-de-obra especializada; sendo-lhe favorável a sorte, conseguiu evoluir, melhorando seu salário e seu nível de vida. Mas sem se perguntar a que o leva essa carreira. Se não quis ser aquilo que é, tampouco quis ser outra coisa. Nem quis, nem deixou de querer coisa alguma. Carlos poderia dizer exatamente o que já fora dito por uma outra personagem, João Ternura, classificado por seu próprio criador, Aníbal Machado, como *pequeno-burguês*: "Pertenço a uma espécie aborrecida que não escolhi". Deixou-se levar pelos acontecimentos e fez uma carreira que representa uma evolução típica de boa parte da classe média paulista. Se não escolheu sua vida profissional, também praticamente não escolheu sua vida pessoal. Casar ele quis, não pela noiva, nem pelo casamento. Levado pela solidão, freqüentou Luciana, moça casadoura, e acabou preso na engrenagem familiar. Mas também não resistiu. A evolução é normal e não requer escolha especial por parte do interessado: tendo sua vida profissional mais ou menos fixada, podendo assegurar o aluguel de um apartamento inicialmente pequeno, o paulista classe média, de 25-30 anos, casa; assim é o ritual.

Luciana é ambiciosa e vê em Arturo o modelo a que Carlos deverá obedecer. Carlos, casado e gerente, está na pele de quem vai comprar uma casa de campo. Vive na inteira dependência de fatores que não escolheu. Aumentando seu desinteresse por sua vida profissional e familiar, num gesto de violência, inútil porque não destrói nem propõe seja lá o que for, tentará romper, em vão, com essa vida. Não sabendo o que deseja, sabendo apenas que não quer aquilo que vive, acabará sendo reabsorvido pela vida inútil.

Assim, Person coloca sua personagem numa posição ambígua: é entregue àquela sociedade, mas não se aliena totalmente; ainda é capaz de reagir contra. É capaz de perceber a mediocridade de Arturo, Luciana e Ana. Sua consciência, porém, não vai até permitir-lhe a compreensão do que lhe acontece. Mas, enquanto Arturo e Luciana estão integrados nessa sociedade e limitam suas aspirações a uma questão de nível de vida, nela Carlos não se integra.

O mesmo se dá com Hilda (Ana Esmeralda) e Ana (Darlene Glória), dois excelentes retratos. Ana, como Carlos, não tem projeto. Passando por várias camas, consagra seu tempo a tentar subir na vida, pondo sua plástica e seu charme a serviço da publicidade automobilística. O resto do tempo, procura divertimento. Sua alegria não esconde uma certa inquietação, e suas relações com Carlos têm um quê de neuróticas, são um vaivém estéril para os dois. Não está satisfeita com sua vida e não tenta outra por estar com medo. Hilda, de condições financeiras mais elevadas, está na mesma situação: vida a esmo. Mas já está num processo neurótico avançado, que se encerrará com o suicídio. A arte, a literatura, a busca do absoluto, o narcisismo, o aviltamento de si própria (declara sentir prazer em fingir que trabalha num hotel de *rendez-vous*), o cuidado em não misturar sua vida vivida e medíocre com a vida ideal a que almeja ("Carlos, você não é e nunca será meu amante", porque ele não é digno disso), nada alivia sua tensão contínua, nem satisfaz sua real angústia, que se manifesta pelo desejo de amar intensamente. Nada desarmará sua alienação. Suas relações com Carlos não levam a coisa alguma, nem para ela, nem para ele.

Nesse vazio humano, nesse desenvolvimento industrial, o

dinheiro tem um papel relevante. Não só o dinheiro está presente em filigrana o tempo todo, mas freqüentemente determina a situação das pessoas: é porque Arturo não quer emprestar dinheiro a Carlos que este aceita o emprego; é porque Carlos ganha razoavelmente que se casa; é cobrando comissões a Arturo que Carlos consegue pô-lo momentaneamente em xeque; é porque Luciana recebe dinheiro do pai que ela tenta, ignorando a vontade do marido, associar-se a Arturo; é porque precisa pagar contas no fim do mês que Ana trabalha; é o dinheiro que provoca uma briga entre Carlos e Ana; Hilda não se dá com a sogra porque esta pensa que ela casou por dinheiro. O dinheiro é o *meneur de jeu*.

Em relação a Antônio das Mortes, Carlos é um passo à frente: a oscilação entre dois pólos sociais, que caracteriza a galeria das mais significativas personagens do cinema brasileiro, desapareceu; essa ambigüidade havia de resolver-se à medida que os cineastas se aproximassem da problemática da classe média. A oscilação, todavia, não se resolveu por uma escolha consciente. Justamente, não houve escolha, não houve elaboração de um projeto. Carlos é levado no caminho aberto pela grande burguesia. No entanto, sendo Carlos uma personagem dramaturgicamente fraca, Antônio das Mortes permanece com a última palavra. Mas, como Carlos é uma personagem que não escolhe e vive na dependência de fatores exteriores que não controla e não tenta controlar, tais fatores acabam prevalecendo sobre a personagem. Torna-se então verdadeira personagem principal do filme a cidade de São Paulo na época do *rush* automobilístico.

A personagem, que era o elemento dominador do cinema brasileiro (inclusive em *Vidas secas*), perde força e prestígio em *São Paulo S. A.*, evolução essa que certamente não marcará o conjunto, mas pelo menos uma grande parte do futuro do cinema brasileiro. A impossibilidade de Carlos escolher, o fato de ele não se propor alvo algum, provoca sua atomização. Até agora os filmes brasileiros têm respeitado a ordem cronológica, seguindo a dinâmica da narração e da evolução das personagens, isso pelo menos no que diz respeito ao cinema de nível cultural de uns anos para cá. O retrospecto é raramente utilizado; referências ao passado são feitas apenas nos diálogos. O retrospecto de *A falecida* é caso excepcional, mas nem por isso o espectador encontra dificuldade em restabelecer a ordem cronológica. Como Carlos é movido do exterior, sem dinâmica própria, ele não controla o enredo do filme, esfacela-se, e a ordem cronológica é subvertida. Todo *São Paulo S. A.* (salvo as seqüências finais) é um retrospecto no interior do qual o tempo é tratado acronologicamente. Se o espectador consegue perceber em linhas gerais a evolução cronológica da vida de Carlos, nos pormenores não é possível. Na primeira parte do filme, sobretudo, o tempo é caótico, a evolução temporal é substituída por uma sucessão de fragmentos de ação cuja apresentação nos dá uma impressão de simultaneísmo. Em sua falta de perspectiva própria, Carlos é assediado por suas lembranças, geralmente provocadas por acontecimentos ou sugestões presentes, sem que uma ordem precisa lhes possa ser dada. Antes ou depois, não faz diferença. Embora não levando essa técnica a suas últimas conseqüências e, talvez, não sendo sempre de uma total felicidade, o roteiro de *São Paulo S. A.* parece-me uma evolução importante numa dramaturgia que visa expressar conscientemente a não-escolha de uma personagem e, através dela, de uma classe social.

Como Carlos não se impõe, quem se imporá é São Paulo, cujo dinamismo dará à fita seu ritmo. Os fragmentos vão desfilar velozmente a nossa frente. A câmara não pára. São Paulo despeja diante de nós tudo aquilo que tem a oferecer. A fita toma então um muito nítido aspecto de inventário (que já adivinhávamos em *Noite vazia*) com efeito cumulativo: duas fábricas, onze músicas, quatro bailes, nove veículos etc.; desfilam apartamentos, casas, bares, boates; multiplicam-se as personagens secundárias: os acomodados pais de Luciana, os fiscais do Ministério do Trabalho, operários, uma louca, um jardineiro, uma mendiga, um motorista de caminhão, um delegado, um recepcionista de hotel etc.; TV, cinema, revistas, futebol, pregações na rua, marcha cívica. São Paulo eufórico exibe-se. Seu passado está definitivamente enterrado: quem teria acreditado fosse o Brasil capaz de construir carros; o café pertence ao passado; hoje os filhos não respeitam mais os pais e do porto de areia nada sobra. Hoje São Paulo é a máquina que puxa o Brasil. Do interior do estado, de outros estados, de outras nações, gente vem tentar a sorte em São Paulo, operários nordestinos, uma mineira que pretende ingressar na TV, italianos, alemães. *São Paulo S. A.* é um carrossel, um turbilhão agitadíssimo e barulhento. Tudo isso sem finalidade, nada leva a nada. Nas ruas, as pessoas estão apressadas e de cara amarrada. A primeira reação é sair de São Paulo. O divertimento dentro da cidade já não satisfaz, o jeito é fugir e a fuga é um dos temas centrais do filme: por não terem perspectivas próprias, as personagens são esmagadas por São Paulo; nada tendo a opor a esse esmagamento, as personagens fogem. Esse trem, caminhão, lambreta, lancha, ônibus, os quatro carros utilizados pelas personagens são possibilidades de escapar. Fuga, a casa de campo, o domingo na praia, o apartamento em São Vicente, baile ou banho na represa; o desejo de Ana de viver como num filme mexicano; a procura do amor absoluto por Hilda, que após o casamento mora fora de São Paulo, e finalmente se mata. E a revolta de Carlos, que não aceita mais São Paulo, mas que nada tem a propor nem para que lutar, reduz-se a uma fuga momentânea e fracassada. Sua fuga resolve-se numa belíssima cena: embora possuindo um carro seu, Carlos foge com um carro roubado; é um ataque dos mais primários, quase visceral, contra aquilo que o esmaga. Rouba o carro num estacionamento onde se encontram milhares de carros "contidos em filas, frente a frente", no meio dos quais Carlos está isolado; esse plano adquire assim um valor simbólico e irônico: Carlos perdido no meio de e por justamente aquilo que ele constrói, esmagado pela quantidade e pela produção em série, rouba o que fabrica. O plano condensa toda a situação de Carlos e sua impotência.

Do ponto de vista da temática, *São Paulo S. A.* é da maior importância para o cinema brasileiro. Seu aspecto mais relevante não é a apresentação da solidão e da neurose na metrópole esmagadora: é a denúncia da classe média como visceralmente vinculada à grande burguesia, de quem depende sua sobrevivência e a quem se associa na exploração do proletariado; é a denúncia dessa massa atomizada, sem perspectiva, sem proposta, unicamente preocupada em elevar seu nível de vida e portanto inteiramente à mercê da burguesia que a condiciona. Totalmente indefeso, Carlos tem os braços abertos para o fascismo.

MARASMO E CORES

Esse marasmo, essa falta de escolha que, através de Carlos, encontramos na classe média, essa alienação de que morre a Zulmira de *A falecida,* essa putrefação que decompõe a Valquíria de *Desafio*-roteiro, não são apenas apanágio de um cinema que adota uma posição crítica diante da realidade, mas já se tornaram temática corrente num cinema que pretende ser antes divertimento que reflexão sobre a realidade. Personagens fracassadas e desalentadas, cuja vida está sendo ou foi inútil, encontramos em *Viagem aos seios de Duília* (Carlos Hugo Christensen, 1964) ou *Um ramo para Luísa* (J. B. Tanko, 1965). O Zé Maria (Rodolfo Mayer) de *Viagem aos seios de Duília* é um modesto funcionário público, solteiro, tímido e acanhado, sem dificuldades financeiras, que, uma vez aposentado, percebe que nada adiantou ter passado quarenta anos a remexer papéis, e vai à procura de sua infância, quando encontrou

Duília, sua primeira namorada, o único acontecimento válido de sua vida. A personagem principal de *Um ramo para Luísa* (Paulo Porto) é um jornalista que amou uma prostituta, que teve uma amante grã-fina (reencontramos aqui um esquema já familiar, a personagem entre dois pólos sociais: burguesa e prostituta eram também as mulheres entre as quais evoluíam o Rôni de *A grande feira* e o Tônio de *Bahia de Todos os Santos*), mas não conseguiu estabelecer relações duradouras. O jornalista deixa escapar a moça que o filme apresenta como sendo a solução para sua vida sentimental: trata-se de uma colega da redação do jornal, moça do mesmo meio social que ele. Mas ele se confessa incapaz de decidir, de resolver alguma coisa a respeito de si e de sua vida. O filme começa depois da morte da prostituta e é inteiramente construído à base de retrospectos. O jornalista rememora ou conta sua vida a um colega de bebedeira. Trata-se do fenômeno que verificamos acima: quanto menos válida é a vida presente, menos resistente e dinâmico o presente e mais fracas as personagens, mais estas tendem a dissolver-se; o passado pesa sobre o presente e o invade. A personagem não vive do presente, não se dirige para o futuro e dentro dela estagna um passado morto.

É significativo que ultimamente esteja aumentando a percentagem de filmes que recorrem ao retrospecto. Se, vez ou outra, o retrospecto é apenas um recurso narrativo que cria uma espécie de *suspense*, a maioria das vezes ele corresponde a um comportamento psicológico da personagem, como é o caso em *Um ramo para Luísa* ou em *Viagem aos seios de Duília*, no qual o passado não só irrompe na vida oca do funcionário público, mas se torna até o próprio alvo dessa vida. Outro elemento que nos traz *Um ramo para Luísa* é a importância quantitativa da fala, que resulta da mesma característica. Diminuindo a força do presente, inexistindo dinamismo nas personagens, não se descortinando perspectivas, a ação fraqueja e cede lugar à fala. É provável que o cinema brasileiro nunca tenha sido tão prolixo como agora. A tal ponto que o bar, a boate ou, principalmente, o botequim carioca tornaram-se lugares de encontro obrigatórios, em que a principal personagem masculina se queixa, junto aos colegas, da vida, narra seus fracassos ou desabafa.

É também revelador que a profissão da personagem principal de *Um ramo para Luísa* seja o jornalismo: o jornalista tem contato com muita gente de meios sociais vários, mexe com assuntos diversos, mas em geral fica flutuando entre essas pessoas e esses assuntos sem integrar-se realmente (é pelo menos a imagem que se tem comumente do jornalista); ele é um pouco uma roda solta. O jornalista, protagonista de vários filmes recentes (*Canalha em crise, O beijo, Society em baby-doll, O desafio, Terra em transe*), passou a aparecer com freqüência no cinema brasileiro. É sintomático que elementos dessa ordem apareçam em *Um ramo para Luísa,* pois se trata antes de mais nada de um filme que pretende uma exploração sensacionalista do sexo. Tudo nele é superficial; de jornalista, a personagem só tem o rótulo; a prostituta respeita os clichês mais banais da vítima social digna e que quer redimir-se; e a câmara limita-se a périplos vários em torno de uma cama. Mas, nesse filme vulgar e comercial, encontramos alguns dos elementos que caracterizam também um filme da importância de *O desafio,* confirmando assim o que pudemos sentir antes: o cinema crítico e o comercial têm uma evolução paralela; divergem fundamentalmente quanto aos pontos de vista, mas os temas, os problemas, as personagens e algumas características formais (o retrospecto, a fala, o botequim) são semelhantes.

O cinema de intenções comerciais nem sempre se curva a esse marasmo, e reivindica acrimoniosamente o nível de vida, esses objetos todos que uma sociedade deve proporcionar a quem nela e para ela trabalha, mais ainda quando essa sociedade valoriza tanto seus produtos que torna o consumo uma necessidade absoluta: *Procura-se uma rosa* (Jece Valadão, 1965). Lino e Rosa (Leonardo Vilar e Teresa Raquel), dois pombos classe média, ele mecânico, ela professora primária. Trabalham bastante; querem melhorar de posição: ser professora já é um grande passo; ele faz um curso para conserto de televisão. Ela quer uma geladeira e um anel: a primeira, objeto linha branca que integra a pessoa nos prazeres da sociedade de consumo; o segundo, ornamento inútil e caro, marca indisfarçável do nível social que se atingiu. Mas nada de geladeira nem de anel. O dinheiro não dá para coisa alguma. O médico receita superalimentação. Moram no subúrbio, todo dia esmagados no trem superlotado. É uma constante humilhação. O vidro que separa a vitrina da rua deixa-os fora do mundo. É uma frustração social e individual que gera a raiva.

Procura-se uma rosa expressa, em um nível corriqueiro e mesquinho, o amargor de um baixo poder aquisitivo, e o expressa tal como o ressentem cada vez mais extensos setores da população urbana: é, para Lino e Rosa, uma ofensa vivida no nível do grupo familial, sem visão de conjunto da sociedade, com total ignorância das implicações políticas. E, como as personagens, os autores do filme ficam na problemática da geladeira, sem ver o que há atrás. Para sair dessa situação, já que a sociedade não corresponde a suas aspirações de ascensão social, Lino pratica um ato ilegal, rouba: é o momento em que o filme poderia ampliar sua problemática, é o momento em que se torna apenas um filme policial mal coordenado. Mas ele expressa a raiva da classe média, humilhada por seu baixo poder aquisitivo, num nível que pode perfeitamente ser assimilado e aceito por um grande público que rejeita filmes que focalizam o mesmo estado de coisas num plano mais amplo e crítico.

O que não foi *Procura-se uma rosa* poderia ter sido um filme que não chegou a ser produzido, inspirado em três contos de *Depois do sol*, de Inácio de Loiola. O que interessava a Roberto Santos, Sergio Person e Maurice Capovilla era justamente o problema da ascensão social, a procura de um poder aquisitivo maior e de melhor padrão de vida. Como os meios normais não satisfazem essa aspiração, recorre-se a meios marginais e individuais, boxe ou prostituição. E os três diretores pretendiam enfocar de modo crítico o processo, levando ao fracasso as personagens que se isolam de seu meio para resolver seus problemas sozinhas e apenas para si. Já que os meios normais não dão, a estrutura dentro da qual vive a classe média estoura, e apela-se para expedientes que vão do biscate ao boxe, à prostituição ou ao roubo. É essa mesma estrutura que procuram João Batista de Andrade e Francisco Ramalho no livro de Macedo Dantas, *João classe média*, que eles pensam adaptar para o cinema: o pequeno funcionário público não consegue alimentar esposa e filhos com sua remuneração; seu trabalho vai assumindo uma posição marginal, enquanto os bicos se tornam sua principal fonte de renda. Sua vida torna-se uma corrida atrás do bico. O bico ou o roubo viram meios normais de vida. Já que as estruturas normais não funcionam mais, o que era transgressão adquire foro de normalidade. Isso do ponto de vista de uma classe média em via de proletarização e que não quer ver além de sua segurança financeira imediata.

O reverso da medalha é a apresentação cor-de-rosa de uma classe média sem problemas, sorridente e satisfeita: *Crônica da cidade amada* (Carlos Hugo Christensen, 1965). Filme de contos, apresenta, com uma escapada para a grande burguesia e outra para a favela, algumas dificuldades da classe média. São fundamentalmente duas: o trabalho na repartição, na agência de turismo, na reunião de negócios é monótono e vivido como uma frustração; trabalhar equivale a um parêntese na vida de gente. Por outro lado, o homem é casado com uma esposa nem sempre bonita e geralmente chata e autoritária, e tem de submeter-se a imposições familiares que lhe tolhem a liberdade. Mas eis dois pequeninos problemas de bem pouca importância diante das facilidades que oferece a vida carioca: paisagem luxuriante, praia, mulheres lindas, futebol, vida noturna agitada, a simpatia e a despreocupação das pessoas, o lirismo que sempre vem dar um toque romântico à vida, uma certa segurança financeira, apartamentos atapetados e decorados com objetos de mau gosto que aparentam luxo e, principalmente, a total inexistência de quaisquer problemas de ordem política: a classe média vai bem. Tudo isso, apresentado em cores, com efeitos de luz e música, dá-nos uma imagem risonha da classe média. *Crônica da cidade amada* pode ser o filme protótipo de um cinema oficial para o Brasil de hoje, tanto mais que quem ajuda um cego a atravessar a rua é um oficial.

Os interessados numa visão não problemática da classe média poderão preferir *Society em baby-doll* (Luís Carlos Maciel e Waldemar Lima, 1965). Os autores pretenderam fazer uma comédia que lembrasse a velha chanchada da Atlântida, mas uma chanchada crítica. Ficaram na pretensão. A idéia é louvável: utilizar formas que comprovadamente atingissem o público para aproximá-lo de determinados problemas. Na realidade, *Society em baby-doll* é apenas uma chanchada; só que, em vez de apresentar-se com o tom popularesco tradicional, é uma chanchada sofisticada. Vedetes de rádio e TV foram substituídas por atores de teatro, e uma personagem (jornalista) dirige-se diretamente ao público para comentar a ação, toque brechtiano e culto. Mas a aparência geral não mudou muito e a temática é a mesma: ascensão de classe. Duas esposas (Ioná Magalhães e Natália Timberg) sentem-se deslocadas no meio de suas famílias, cuja vida mundana não acompanham. Trata-se de duas mulheres oriundas do Méier, bairro popular da zona norte do Rio, que desposaram homens em boa situação econômica repentinamente transformados em milionários. As mulheres não conseguiam adaptar-se à vida de grã-finas. Num plano para reconquistar seus maridos, passam a agir como grã-finas, dão-se muito bem com a nova vida e recuperam os maridos.

Se houve alguma tentativa de desmistificação da mitologia da ascensão de classe, o público não percebeu, pois o filme foi recordista de bilheteria.

O DESAFIO

O desafio, de Paulo César Saraceni, é a fita que vai mais a fundo na análise do marasmo da classe média, e é um grande ponto de interrogação. A fita ambienta-se logo depois dos acontecimentos militares de abril de 1964, e a personagem central, Marcelo (Oduvaldo Viana Filho), é um jornalista. Marcelo, sem ter tido uma atuação política específica, deve ter vivido intensamente a onda desenvolvimentista do início dos anos 60, deve ter acreditado plenamente na renovação do país e na força do chamado movimento de esquerda, que não tinha bases e foi desbaratado em 1964. Após a mudança de regime, grande parte da esquerda e da intelectualidade brasileira, que se nutria mais de mitos e esperanças que de um real programa político e social, entrou numa fase de marasmo, encontrou-se sem perspectiva, sem saber que rumo tomar, e a palavra mais usada para caracterizar seu estado psicológico e suas hesitações foi certamente *perplexidade.*

É esse o estado que analisa Saraceni, tanto no plano da vida sentimental de Marcelo como no plano das idéias e da ação. No tocante à ação, o que se verifica é a inação: não só a censura limita muito a possibilidade de agir e falar, mas projetos que estavam em andamento e que poderiam eventualmente ter prosseguimento, como o livro que Marcelo escrevia, interrompem-se, não apenas por falta de ânimo, mas porque tais projetos nada mais significam na nova conjuntura e também porque não se tem idéia de quais os projetos adequados ao novo estado de coisas. O mesmo ocorre no plano das idéias. Os diálogos são uma troca de perguntas ou de melancólicos incentivos à reação psicológica. O filme é extremamente dialogado; poder-se-ia dizer que é composto por uma série de conversas que reproduzem essas conversas de bar que a juventude intelectual mantém interminavelmente sobre assuntos políticos, estéticos ou pessoais. Desse ponto de vista, o filme é quase um psicodrama. No entanto, através do uso abundante do diálogo, *O desafio* não pretende realmente discutir idéias, mas antes caracterizar um certo estado, e, se não insinuar críticas, pelo menos sugerir perplexidades ante tal estado. Pois, se as personagens tanto falam, não é que tenham muita coisa a dizer, pois justamente nada têm a dizer senão expressar sua desorientação; é que elas são dominadas pelas palavras. Para essas personagens que não agem, não fazem nada, a palavra é simultaneamente uma forma de reação e de alienação.

O diálogo é assim uma forma de ritual; quase inteiramente composto com frases feitas, com clichês: ele resulta intencionalmente naquilo que foi chamado de receituário das inépcias da esquerda. Por outro lado, a palavra extravasa o plano do diálogo: é o livro que Marcelo não consegue escrever, o rádio que informa. E chega a tornar-se objeto na cenografia onde vive Marcelo: é o trecho grifado do livro de Clarice Lispector, é o cartaz de *Liberdade, liberdade* num muro da cidade e, no quarto do rapaz, o livro *A invasão da América Latina,* um exemplar da revista *Cahiers du Cinéma.* As idéias não são princípios de ação; elas atolam-se em palavras faladas ou escritas, em representações gráficas, em citações.

No plano da crítica das idéias, o filme tem um de seus melhores momentos na apresentação do espetáculo *Opinião,* de inegável qualidade artística, e que representou por uns tempos uma ilusão de reação à nova situação, e de comunicação com o grande público para transmitir-lhe a insatisfação que se deve sentir diante da situação brasileira. Marcelo contempla o espetáculo sem reação, nada que indique aprovação ou rejeição, e sua impassibilidade coloca em dúvida toda uma linha de ação que foi e é a de uma esquerda que se convencionou chamar de festiva. No plano sentimental, Marcelo rompe com Ada (Isabela), sua amante, esposa de um rico industrial (Sérgio Brito). Depois de abril de 1964, o esfacelamento de uma série de valores tira inclusive de elementos da vida íntima seu significado e sua razão de ser, e Marcelo não encontra mais motivo nem força para prosseguir essas relações amorosas. Por outro lado, abril de 1964 repercutiu em Ada de modo diverso, porque ela pertence a um meio diferente do de Marcelo (seu marido dirige uma fábrica de 2500 operários).

Embora Ada sinta-se deslocada em seu meio, não encontre nele a vitalidade que a seduz em "seus amigos de esquerda", só pode sentir-se remotamente atingida pelo novo regime e tenta convencer Marcelo a não cortar as relações com ela, usando uma série de argumentos que tornam a mudança de regime um acontecimento lastimável mas casual que não deve atingir as coisas fundamentais da vida, os sentimentos, os valores duradouros, o amor. Marcelo romperá com ela, e Ada não tomará a resolução categórica de ficar com o marido e permanecer em seu meio, mas é o que ela acaba fazendo. Ada e sua relação com Marcelo são um fenômeno fundamental porque introduzem no cinema brasileiro algo que até agora não chegara a existir, ou seja, a luta de classe. O rompimento Marcelo-Ada afirma que essas personagens são marcadas por seu meio e que entre esses meios não há acordo possível. A ilusão do bom entendimento entre classes opostas passou; a mudança de governo extinguiu uma ilusão eufórica e esclareceu a situação. Vivemos num "tempo de guerra", diz a canção final do filme.

O desafio abre assim, juntamente com *São Paulo S. A.*, uma nova perspectiva para a compreensão da sociedade brasileira no cinema. A ilusão da aliança burguesia nacionalista-classe média-proletariado pertence ao passado. A classe média tem de definirse. Desse fenômeno decorre um outro que se podia prever: Ada não é caricata. A personagem é tratada com carinho e simpatia, embora se sinta que o diretor a desaprova. Ada é talvez a primeira grã-fina a ser considerada como pessoa, e pela primeira vez um tal papel é confiado a uma atriz cujo comportamento é condizente com a personagem. É natural que à medida que a classe média vá encarando de frente seus problemas, em vez de disfarçá-los ou mistificá-los, as representações da alta burguesia sejam mais realistas e mais sérias. Assim como Helena Inês (*A grande feira, O assalto ao trem pagador*) foi a grã-fina por excelência da época ingênua e caricata, Isabela é a grã-fina de uma fase crítica. A mesma evolução se dá com o marido de Ada, embora alguns clichês ainda pesem sobre a personagem; e a ambientação da casa revela o mesmo progresso. Daí decorre também que o burguês não mais é visto apenas em seus momentos de *lazer*, mas também em seu escritório, em sua fábrica, em contato com seus empregados e operários. Uma melhor compreensão da classe média faz entrar no cinema a burguesia industrial que até *São Paulo* e *O desafio* estava ausente.

Para comunicar a situação, Saraceni vale-se essencialmente da movimentação da câmara. Sem dúvida, nunca houve no cinema brasileiro uma câmara tão criadora quanto a de Lufti e Cosulich nesse filme, inteiramente feito de câmara na mão. Ou a câmara pára, extática, a contemplar uma personagem imobilizada, que não consegue viver, ou, mais freqüentemente, fica em planos longos, perscrutando as personagens, girando em torno, aproximando-se ou afastando-se delas, como a investigar os motivos da passividade. Nessa investigação, Saraceni foi ajudado pela experiência de cinema-verdade que fez com *Integração racial*, onde a câmara procurava captar as pessoas, respeitando seu ritmo próprio. É a mesma impressão que se tem em *O desafio*, onde tudo ocorre como se o ator não representasse para a câmara, mas como se a câmara documentasse um ator-personagem. A câmara desassossegada, inquieta, nervosa, também está à procura de uma saída, e vai e vem e bate no vidro como peixe no aquário. A câmara segue as personagens nas longas e tortuosas perspectivas que proporcionam salas, portas, corredores e escadas, transformando a cenografia em labirinto, mas às vezes essas personagens perplexas e inativas não têm suficiente força para reter o tempo todo a câmara, e esta então segue sozinha seu passeio, prolongando o impulso inicial, e voltando em seguida à procura da personagem perdida. Toda a perplexidade e o marasmo do filme está na câmara, cujo papel não é apenas o de mostrar, mas de criar: é, ela própria, uma das personagens do drama.

Embora Marcelo tenha de certo modo evoluído durante o filme, o final não é abertura para ele. Nelson (Luís Linhares), intelectual frustrado, envelhecido, cínico, provável representante da chamada geração de 45, tenta atrair Marcelo para seu mundo viscoso. Ele é a decadência consentida, a renúncia cultivada, a degradação física e mental. Marcelo recusa a proposta de Nelson e sai andando à procura de um futuro incerto, enquanto se ouve: "É um tempo de guerra", e a última frase é "Mas essa terra, eu não verei", ou seja, uma expressão de desalento que se refere às palavras finais de *Deus e o Diabo na terra do sol* ("A terra é do homem, não é de Deus nem do Diabo"). No entanto, o filme não é derrotista; ao contrário. Embora Marcelo seja uma personagem relativamente autobiográfica e a síntese de uma série de jovens intelectuais, podendo ser considerado como um protótipo, não se cria uma identificação entre o espectador e ele. Seu comportamento, suas reações, suas idéias, seu vocabulário são tão conhecidos e familiares (e não apenas para um público brasileiro), que Marcelo funciona como um reflexo que possibilita um distanciamento crítico em relação a nós próprios e até a rejeição daquilo que ele representa. A lucidez com que se expõe na tela a problemática de Marcelo indica que, por parte do autor, o estado em que a personagem se encontra já foi ultrapassado. O próprio ato de realizar esse filme é uma superação.

Assistir e compreender *O desafio* pode ser também, para o espectador, um momento de tomada de consciência do marasmo, pode contribuir para a superação. Não resta dúvida de que *O desafio* dirige-se a quem tenha os elementos para compreender Marcelo. Outro elemento positivo é a significação implícita da ruptura entre Marcelo e Ada.

Outro filme sintomático dessa evolução é *Viramundo* (Geraldo Sarno, 1965). O documentário se consagrou principalmente a problemas rurais e, até este, não havia documentário sério sobre a sociedade industrial. Em *Viramundo,* Geraldo Sarno analisa a integração do imigrante nordestino na sociedade industrial de São Paulo. O tratamento dado ao assunto possibilita a análise de aspectos da sociedade industrial em termos de classe, apresentando operários e empresários dentro das relações trabalhistas, e vemos uns e outros em seu local de trabalho. Pode parecer pueril valorizar um filme pelo simples fato de apresentar um problema de classe, mas, para o cinema brasileiro, que, condicionado pelo populismo, eliminou tais relações, o burguês de *O desafio* ou o empresário de *Viramundo* representam uma evolução e uma compreensão mais realista da sociedade brasileira. Mais tarde talvez se verifique que a aparição da burguesia industrial se dá num momento em que a política populista e o líder carismático não são mais possíveis no Brasil, num momento de transição em que o país está mudando suas estruturas — e, por isso, foram necessárias as mudanças de abril de 1964 para que essa evolução se desse no cinema.

O roteiro de Glauber Rocha, *Terra em transe,* é também um trabalho que resulta de uma meditação sobre o movimento sociopolítico desbaratado em abril de 1964, ampliada, ao que parece, para uma visão geral da política no mundo subdesenvolvido latino-americano.[16] Num país imaginário, confrontam-se um demagogo fascista e um político reformista que pretende uma renovação social sem revolução, sem romper com o *statu quo*, por vias legais e conchavos. Entre eles evolui um jovem político, o jornalista Paulo Martins, que quer levar o reformista a assumir atitudes firmes, mas é vencido por politicagem, entendimentos, conciliações e capitais estrangeiros; e ele próprio, apesar de suas atitudes e sua pureza, pertence ao meio dos políticos corruptos ou impotentes. O roteiro é uma visão crítica dos últimos tempos que antecederam abril de 1964, que não só ataca os políticos como também o jovem que, com todo o seu ardor e honestidade, foi na onda dos outros e se colocou no fundo numa posição antipopular, e ataca principalmente a noção de povo que vigorava no antigo regime e era toda maculada de peleguismo. *Terra em transe*, mais uma condenação moral do que uma análise sociológica, foi escrito com ódio, com raiva, é obra de quem foi mistificado e se mistificou, fundou esperanças sólidas em ilusões, e acorda. A personagem que parece ser a mais importante é a do jovem político que, mais desenvolvido, será não só um prolongamento de Firmino (*Barravento*) e de Antônio das Mortes (*Deus e o Diabo na terra do sol*), como poderá ser também uma revisão crítica da atitude política deste último.

O desafio e *Terra em transe* são dois trabalhos diretamente provocados pela reviravolta de abril de 1964 e que não assumem a posição fácil de estar contra o novo regime, a favor do antigo. Procura-se antes analisar o passado, insistindo muito na inconsistência das bases em que se apoiava toda uma política, e esse fato já é uma procura de caminhos. Fomos enganados e nos enganamos:

16. Este livro foi escrito antes do lançamento de *Terra em transe*; seu autor teve apenas a oportunidade de ler um dos roteiros preparados por Glauber Rocha, que, como se sabe, muito improvisou no momento da filmagem.

precisamos procurar os motivos. A tal análise do comportamento político da classe média, o cinema brasileiro teria chegado mais cedo ou mais tarde; *São Paulo S. A.*, inteiramente escrito antes de abril de 1964, já analisa a classe média e já é implicitamente um filme sobre o movimento militar. Mas este, por colocar claramente uma série de problemas, acelerou a evolução da temática do cinema brasileiro. E aí, hoje, justamente reside um possível impasse do cinema brasileiro tal como vem evoluindo.

PERSPECTIVAS

São Paulo S. A., *O desafio* e *Terra em transe* são reações dos cineastas que tentam elucidar os acontecimentos dos anos 1963 e 1964. Passada essa reação, é lícito perguntar que caminhos estão sendo apontados. Colocam-se evidentes problemas de censura, o que criará dificuldades a um cinema que começou a desenvolver-se num clima de total liberdade de expressão.

O cinema brasileiro quer analisar a classe média, que é hoje assunto dos mais divulgados nos círculos oficiais. Uns acham que, com a mudança de abril, a classe média conquistou o poder; outros, que ela foi traída. Em seu nome, faz-se muita demagogia. Justamente por isso, o atual governo prefere evitar que se discutam os problemas da classe média, seu comportamento político, suas perspectivas, tanto mais quanto essa discussão inclui obrigatoriamente considerações gerais sobre a evolução do país e o conjunto de sua população. Donde se conclui que um choque entre o governo e os filmes brasileiros é natural: não só a censura torna-se um órgão mais forte e mais arbitrário, como também ela se multiplica; cada unidade administrativa, por menor que seja, cada entidade privada passa a ter o direito de praticar a censura que bem entender em qualquer obra que seja. Quem não quiser ser atrapalhado que siga a orientação de *Crônica da cidade amada*, em cuja primeira imagem vemos um militar ajudar um cego a atravessar a rua, ou a de *História de um crápula* (Jece Valadão, 1965). Esse filme reduz a política do antigo regime a uma questão de corrupção, dando portanto inteira razão à ordem policial e militar que elimina o deputado Talavera e encarrega um generoso policial de salvar a honra da moça abandonada grávida por ele.

A censura é obviamente um grave obstáculo, e a tarefa mínima de qualquer indivíduo é lutar contra ela em favor da liberdade de expressão. No entanto, ela não é o pior obstáculo. Pode frear um movimento intelectual, pode impedir sua divulgação, mas dificilmente poderá aniquilá-lo se ele for sólido e tiver bases reais. Obstáculo muito maior é o marasmo político, econômico, social em que se afunda o país, a mediocridade e o imobilismo, que podem lentamente minar o movimento intelectual. Esse é o maior perigo. Que as dúvidas, as contradições, o impasse angustiado de Marcelo, não sendo mais fecundado pela evolução social do país, esmoreça, transformando-se num desespero apático, eventualmente num ceticismo castrador.

Receio que sintomas de uma atitude desse tipo possam ser encontrados na leva de filmes de curta-metragem produzidos em 1966. O filme mais saliente dessa produção é *Em busca do ouro*, em que Gustavo Dahl descreve a epopéia do ouro: a busca e o tratamento do ouro, o enriquecimento de Vila Rica, a luta contra Portugal, a Inconfidência, a repressão (ao abordar esse ponto, o tratamento dado à violência é irônico e o espectador não deixa de ver uma alusão aos dias atuais). Dessa epopéia, que sobra hoje? Nada, senão cicatrizes na terra, marcas das antigas galerias, e lindíssimos, mas frios e inúteis objetos de museus. A câmara passeia lentamente diante desses objetos, contemplando-os imperturbável. É uma câmara cujos movimentos são elegantes mas gélidos, que não se deixa alterar pelas coisas humanas que eventualmente estão a sua frente. É desse ponto de vista que o assunto é tratado: ontem a luta, hoje a contemplação e a nostalgia. Nesse filme do qual são personagens objetos, estátuas e colinas desertas e silenciosas, não há homens; só aparecem no final, imobilizados em sua mediocridade em fotografias fixas. O ambiente profundamente melancólico criado por esse filme impregna-se na gente como a umidade. E domina o filme o cuidado deliberado de fazer uma obra de arte requintada; é intenção do autor que o filme se apresente como um objeto que imediatamente se enquadra numa cultura de bom gosto, numa cultura de luxo.

O mesmo fenômeno se dá com *Humberto Mauro* (David Neves), filme muito bonito, em que o homem forte e lutador cede lugar ao velho senhor cansado que é hoje Mauro. Neves apresenta Mauro filmando delicadamente pássaros, e adota, para descrevê-lo, a mesma delicadeza a que recorre o velho cineasta para filmar seus pássaros. Desprende-se desse filme elegante uma impressão de final, de cansaço, de calma tristeza. Guarda-se a mesma impressão de um curta-metragem que aborda um assunto completamente diferente: *Universidade em crise,* filme semi-amador de Renato Tapajós sobre a greve estudantil da Universidade de São Paulo em 1965. Esse filme, pouco documentário, com o mérito de apresentar fotografias da ocupação policial da Universidade, é certamente até agora o único filme brasileiro que teve essa coragem. Mas os estudantes são retratados como apáticos, corpos relaxados, mãos entre as pernas, gestos hesitantes, cabelos de moças, oradores que não são ouvidos, uma câmara de movimentos inseguros. Os planos longos que sempre se repetem numa montagem sinfônica sugerem a apatia de um grupo de indivíduos que parece sem rumos, e o realizador do filme mostra-se também apático, embora angustiado diante dessa apatia. O mesmo pode ser dito do filme seguinte de Tapajós, *Um por cento* (1966), que se propõe aparentemente discutir o problema do vestibular e a falta de vagas para os candidatos, e resulta numa espécie de triste litania em torno da mediocridade dos vestibulandos (com alguns bons retratos impressionistas de adolescentes) e da ineficiência na abordagem dos problemas. E outros filmes manifestam simultaneamente a mesma preocupação em ser cinematograficamente elegantes, e a mesma melancolia: é *Lima Barreto* (Júlio Bressane), que se limita a uma evolução de um Rio de Janeiro início de século e parece esquecer que, se Lima Barreto foi um homem doente e rejeitado pela sociedade, também foi um grande escritor; *Heitor dos Prazeres*, em que Antônio Carlos Fontoura, sem perceptíveis intenções polêmicas, omite Heitor dos Prazeres pintando; Rubem Biafora, em *Mario Gruber*, apresenta como uma vaidade humana as preocupações sociais do pintor e sua tentativa de fundir arte, demônios pessoais e ideologia social; *Djanira e Parati* (Pedro Rovai) é o elogio de um rico passado desaparecido e a saudade que fica. De todos esses filmes, cujos autores são na maioria jovens que realizam seu primeiro curta-metragem, e que são inspirados em personalidades da cultura brasileira ou em momentos da história do Brasil, emanam a mesma passividade, infinita melancolia, quase gosto de renúncia. Talvez a pergunta seja violenta, mas ela impõe-se: será isso o prenúncio de um cinema fascista?

Uma outra tendência que parece delinear-se é infinitamente mais estimulante e poderia ser qualificada de realismo fantástico ou "realismo poético revolucionário", conforme a expressão de Glauber Rocha, que, mais uma vez e mais uma vez em função de seus próprios filmes, aponta o caminho. Que filmes, que estilos, que modos de expressão virão encobrir essas três palavras? Não é possível sabê-lo agora. Uma certa ideologia e um certo programa de ação fracassaram, e permanecem e agravam-se os problemas que os motivaram. Nessa situação, o cinema que se inspirou nessa ideologia e nesse programa não pode deixar de sentir-se também em parte fracassado. É como se diante desse fato os cineastas passassem a transpor a realidade brasileira ao plano do fantástico, não para mitificá-la, mas para levar suas contradições, sua violência e conseqüências ao absurdo, pois só o absurdo e a violência poderão dar conta da realidade absurda e violenta que vivemos. O fantástico como explosão libertadora — mas no plano do realismo.

O primeiro filme que poderá realizar-se nesse tom é *Terra em transe*. Mas essa tendência já está presente nos dois filmes anteriores de Glauber Rocha; em *Barravento,* no papel da natureza, por exemplo; em *Deus e o Diabo na terra do sol,* impregnava quase todo o filme: o ritual da morte no Monte Santo, a dupla personalidade de Corisco, o saque da fazenda, a música de Villa-Lobos, o gosto pela violência e o grandiloqüente já estão no caminho do fantástico. Mas prenúncios dessa tendência podem ser adivinhados em outros filmes, principalmente no gosto pelo espetáculo, ou melhor, quando os cineastas se valem do espetáculo ostensivo para salientar mais seus propósitos ou para *distanciar* os espectadores das personagens e das situações. Um dos filmes que mais deliberadamente recorreram a esse processo é *Sol sobre a lama,* de Alex Viany. Uma série de recursos artificiais faz com que o espectador assista não à estória que conta o filme, mas sim a um espetáculo baseado nessa estória. Por exemplo: a primeira imagem do filme mostra coqueiros num estilo intermediário entre a folhinha de empório e a fotografia de filmes comerciais de propaganda, e se choca com a seqüência seguinte, artificialmente iluminada de vermelho; cores berrantes, sobretudo o vermelho, dominarão todo o filme, em que aparecerão também contrastantes trechos em preto-e-branco; a movimentação da câmara, em sua incansável ginástica de carrinhos, panorâmicas, *zoom,* deverá elevar os gritos, as correrias, os movimentos de massa a um nível épico; as talhas douradas da igreja de São Francisco serão acompanhadas por ritmos de origem africana, enquanto o altar dedicado a deuses afro-cristãos terá uma música sacra erudita. Essa tentativa de espetáculo, porém, resultou num malabarismo porque a forma ficou exterior, não penetrando o tratamento dado às personagens nem a estrutura das situações. Mas aí está, sem dúvida, um dos momentos desse espetáculo cinematográfico tendente ao fantástico que o cinema brasileiro procura.

Mais recentemente, Carlos Diegues alcança melhores resultados, nesse sentido, com *A grande cidade* (1966). Para contar "as aventuras e desventuras de Luzia e seus três amigos chegados de longe", ele transformou o Rio de Janeiro num palco. Personagens e situações têm o esquematismo e o sabor de uma certa literatura estratificada, cordel ou quadrinhos, que fixa de modo quase caricatural diversos tipos de inadaptação do imigrante nordestino na grande cidade. Jasão (Leonardo Vilar) é o malandro que transportou para a favela a violência do cangaceiro; Inácio (Joel Barcelos), ao contrário, é passivo, justifica sua inércia e sua infelicidade acusando a República que substituiu o bom tempo do imperador; Luzia (Anecy Rocha) ama o malandro, é empregada de uma família rica e morre numa quarta-feira de cinzas. A quarta personagem é Calunga (Antônio Pitanga), chave do filme. Seu papel é o de um *meneur de jeu,* espécie de mestre de jogo: orienta as personagens, arma situações e comenta a ação, mas sem participar diretamente dela, sem ligar-se a coisa alguma, permanecendo num plano superior, colocando-se numa posição marginal em relação à ação, embora ele próprio imigrante nordestino. Após ter feito as honras da cidade para os espectadores, ele é o cicerone de Luzia e serve sobretudo de pombo-correio entre a moça e Jasão. Tudo isso é feito numa fantasia coreográfica: pulos e risos; é a maneira de ele apoderar-se da cidade.

Nesse mestre de jogo, deve-se certamente ver uma metamorfose daquela personagem a que já me referi: o marinheiro de *A grande feira,* por exemplo. Aquela personagem-pêndulo não é mais possível, e o mestre de jogo é uma maneira de preservar o marginalismo, a não-inserção na ação do filme.

Em realidade, poderemos, num ou noutro filme secundário, verificar a permanência dessa personagem oscilante entre dois pólos e incapaz de escolher, e que passa incólume pela ação do filme. Só que ela se encontra num total estado de degradação. Tal como a mocinha (Anick Malvil) de *Essa gatinha é minha* (Jece Valadão, 1966): tendo sido sorteada para participar, no mesmo horário, de dois programas de TV rivais, um de bossa-nova, outro de iê-iê-iê, ela não consegue escolher, foge, mas de repente não tem mais de escolher, pois, para aquela noite, os dois programas fundiram-se num só e as estrofes da canção serão cantadas alternadamente em estilo bossa-nova e iê-iê-iê. A conciliação satisfaz a gregos e troianos. Ou, então, Ponciano (Alberto Ruschel) em *Riacho de sangue* (Fernando de Barros, 1966): assume no início do filme uma posição de justiceiro ao defender camponeses atacados pelos capangas do coronel; liga-se a duas mulheres: a filha do coronel e uma enérgica camponesa. Arma-se um conflito entre o coronel de um lado e os cangaceiros e os fanáticos de outro, e Ponciano limita-se a uma atuação exclusivamente verbal, entabulando conversações com os grupos rebeldes para convencê-los a lutar. Na hora da briga, por motivos não explícitos, ele se recolhe; acabada a luta, deixa a cidade e segue seu caminho levando consigo o único sobrevivente: uma criancinha. Ponciano é uma personagem decrépita e ridícula que, embora centro de uma ação, fica totalmente passiva e reduzida a um papel palavroso. Deixando de lado a carência de imaginação com que foram tratados tanto a *gatinha* como Ponciano, ocorre que essa personagem, que em 1958-60 abria perspectiva para o cinema brasileiro, está em 1966 esgotada, decadente: nada mais tem a oferecer; deve ser superada. Justamente um dos meios de superá-la, sem que se percam, e ao contrário se enriqueçam, algumas de suas características, é sem dúvida o mestre de jogo.

Luís Carlos Maciel sentiu o interesse dessa personagem, pois é esse o papel que deu ao cronista social (Ítalo Rossi) de *Society em baby-doll*, que ficou convencional e medíocre, mas já começava a dar uma nova versão do marginal no cinema brasileiro. Carlos Diegues deu à personagem uma outra dimensão quando esta, por descuido, transmite à moça um recado do malandro, diante de uma terceira pessoa, a qual, involuntariamente, veiculará o recado, possibilitando assim à polícia localizar Jasão. É Calunga que, sem querer, entrega Jasão à polícia: nem como correio ele serve. Isso se dá no capítulo do filme que tem por título precisamente o nome da personagem. Não sem uma certa brutalidade, Carlos Diegues tira Calunga de seu fácil papel de mestre de jogo e o compromete. Não é possível ficar à margem dos acontecimentos; queiramos ou não, estamos envolvidos. Mas Calunga logo se recupera e, após um momento de desvario coreográfico, faz uma mímica da ação do filme e, principalmente, da morte de Jasão, por quem é responsável. O que enriquece mais ainda o marginalismo e o fracasso de Calunga é o pano de fundo sobre o qual se desenvolve sua vida: o medo. A instabilidade, a insegurança dessas personagens geram um estado permanente de medo. Luzia, toda penetrada por um medo que não arrefece seu desejo de viver, pergunta a todos se também não têm medo, como que para se certificar de que não está ela própria num estado anormal. E Calunga responde que é assim mesmo, que o medo é o ambiente natural dentro do qual se vive, que sem medo não há vida. O medo, subjacente a toda a jovialidade do filme, é apontado por Carlos Diegues como um dos componentes principais da vida urbana.

Calunga abre o filme e coloca o espectador numa falsa pista. Como um praticante de cinema-verdade, vai perguntando às pessoas que encontra na rua sobre sua vida, e chega à conclusão de que poucos segundos diários sobram a essas pessoas para viver. Essa gente que atravessa apressada e de rosto tenso o centro do Rio de Janeiro, veste terno e gravata, é pessoal de escritório, funcionário público, representante de firmas comerciais. Ocorre que, após essa introdução que ambienta o filme numa cidade grande, as pessoas de gravata, de quem se poderia pensar que constituiriam o centro do filme, saem de cena e a ação fica restrita a imigrantes nordestinos favelados. No entanto, como o filme é quase inteiramente feito na rua, constantemente essas pessoas reaparecem no fundo dos quadros, atrás das personagens de ficção. E, como as filmagens não podem deixar de chamar a atenção dos transeuntes, o ato de filmar torna-se sempre extremamente presente; o espectador nunca tem a impressão de assistir a algo de real, mas sim a um artifício. A ação do filme sempre tem espectadores na rua; a ação é realmente uma ficção, as personagens são realmente atores e o espectador que está na sala é como que um espectador em segundo grau. Essas pessoas, a quem sobram uns poucos segundos diários de vida, tornam-se no filme contempladores, espectadores passivos do drama dos imigrantes; é um tratamento novo, no quadro do cinema brasileiro, que Carlos Diegues dá à classe média. O efeito acentua-se quando a ação se torna menos cotidiana; por exemplo, na morte de Jasão e Luzia: os espectadores da rua não estão presenciando um assassinato, mas sim uma filmagem que é um divertimento a mais que têm a oferecer as ruas cariocas. Para mim, aí reside o aspecto mais audacioso da realização de Carlos Diegues: esses espectadores passivos transformam a cidade do Rio de Janeiro num palco no qual Calunga maneja a ação, que torna totalmente artificial.

Essa característica do filme resulta naturalmente da opção feita pelo diretor, mas também das condições de filmagem e produção. É difícil saber quais foram os fatores mais determinantes. Mas parece que Carlos Diegues ficou no meio do caminho. Esses espectadores de rua, embora constantemente presentes, ainda não o são suficientemente. A concepção do filme é audaciosa, mas sua realização é às vezes tímida. Faltou provavelmente a Diegues uma maior espontaneidade para aproveitar durante as filmagens essas aglomerações fortuitas que se formavam diante da câmara. A filmagem da morte revela essa timidez: antes de atingir Anecy Rocha, interpretando Luzia morrendo, a câmara passa diante de um desses grupos, mas passa rápida, quase furtiva, e se detém longamente na atriz, enquanto, a meu ver, teria sido desejável que os espectadores passivos e ocasionais tivessem quase tanta presença quanto a atriz.

A encenação (a palavra tem toda a sua força de *mise-en-scène*) e a montagem dão ao filme a forma de um mosaico em que se juntam elementos díspares, o que aumenta a impressão de espetáculo. São principalmente motivos inseridos no filme sem que estejam diretamente relacionados com a ação, e que compõem o pano de fundo da cidade, tais como longos planos de soldados e tanques numa estrada, uma velha que canta diante de manequins que estão numa vitrina, uma banca em que folhetos nordestinos misturam-se a estórias sobre Getúlio Vargas, um quadrinho do Super-Homem, um medalhão representando alguma dama imperial. A faixa sonora obedece ao mesmo tratamento: batidas de morro, bossa-nova, iê-iê-iê, cravo etc., e, claro, Villa-Lobos. O filme assim adquire um aspecto de justaposição de elementos, vulgarizada pela *pop-art*, o que é salientado pelos cortes bruscos da montagem. Disso tudo resulta um filme que não tem aparência realista; antes apresenta-se como um espetáculo.

Essa tendência ao espetáculo como tal não é ainda uma forma de "realismo poético revolucionário", mas é provavelmente uma de suas aproximações possíveis. Dever-se-á ir muito mais longe, e as sementes de um realismo fantástico grandioso estão amadurecendo há anos. Já estavam presentes num projeto sobre Brasília que Álvaro Guimarães não chegou a realizar. Jornais do Sul noticiam que Brasília está isolada, cercada por monstros; ninguém mais entra ou sai da capital do país. Um jornalista finalmente consegue averiguar e constata que de fato a cidade está envolvida por um anel de monstros que não são senão os favelados esfomeados, macérrimos, desempregados, que se tornaram feras, não falam mais, não sabem mais comunicar-se, e a simples visão de uma pele cor-de-rosa desperta neles uma agressividade incontrolável e feroz. Vários métodos são estudados para sanar a situação: enquanto estudantes propõem que se tente mais uma vez o diálogo, outros estão favoráveis ao uso da força. Mas, quando os canhões vão entrar em funcionamento, um cientista descobre um gás que tem por efeito tornar os gaseados amáveis e amantes do trabalho. Gaseiam-se os monstros, a situação volta à normalidade, e o produto maravilhoso é usado em âmbito nacional.

Mas, por enquanto, ainda não existem filmes representantes dessa tendência, e é isso provavelmente o que motivou o grande sucesso obtido por *À meia-noite levarei sua alma* (José Mojica Marins, 1965) entre intelectuais, principalmente cineastas, e o grande público. Zé do Caixão é um revoltado cujo principal relacionamento com o mundo é o sadismo. É um revoltado raivoso e primário, que bebe a pinga de uma macumba e come vorazmente uma coxa de galinha diante de uma procissão numa sexta-feira santa. Mojica é um cineasta primitivo (no sentido em que se fala em pintor primitivo), que se entrega inteiramente: seu filme é um jato de libertação. Suas frustrações (lamenta não ter filhos perto de uma estátua representando uma mulher nua) e seu sadismo (por jogo, corta dois dedos de um cara com uma garrafa quebrada) atingem o paroxismo. Quando Zé do Caixão deixa de manter essas relações com o mundo, forças superiores apoderam-se de sua alma, na maior alucinação da personagem.

Formas

A gestação de Antônio das Mortes, o aparecimento de Carlos e Marcelo, a lenta elaboração de enredos e de personagens cujas estruturas possam ter um valor equivalente a certas estruturas da sociedade brasileira são a elaboração não apenas de uma temática, mas também de uma forma que expresse a problemática brasileira. Encontraremos problemas formais semelhantes aos já colocados por personagens e enredos, a começar pela questão do popular.

Popular, o cinema brasileiro deveria sê-lo por vários aspectos: deveria tratar de assuntos do povo e comunicar-se não apenas com uma elite cultural, mas com o grande público. Abstrata e utopicamente, debatia-se se um conteúdo novo acarretaria, inevitavelmente, formas novas, o que levaria a uma longa fase de experimentação durante a qual a linguagem do cinema brasileiro não seria entendida pelo grande púbico; ou se era possível rechear com conteúdo novo formas antigas já aceitas e compreendidas pelo grande público.

A questão foi freqüentemente colocada em termos exclusivos de linguagem. Disse-se por exemplo que *Deus e o Diabo na terra do sol* tinha um tema e um enredo de extraordinária força, prejudicada por uma linguagem rebuscada e hermética. Se o público não respondia ao apelo do jovem cinema brasileiro, seria porque "a platéia não estava preparada para recebê-lo", por falta "de maior gabarito intelectual e de formação estética mais apurada". Não se percebia que esse fenômeno não passava de uma conseqüência de uma situação mais ampla. Valorizaram-se, então, filmes como *Stella*, de Cacoyannis, por ser um melodrama popularesco que fazia apelo à canção sentimental e a situações lacrimogêneas, mas que transmitia, através dessa forma novelesca, uma forte aspiração à liberdade.

Pensava-se na chanchada. Certo, a chanchada era o que de mais odioso se pudesse imaginar em matéria de baixa exploração do público; tinha, porém, público, e continua tendo. Oscarito, Grande Otelo e Cia. faziam nos cinemas, e agora na TV, as delícias de um grande público classe média. Certo, Mazzaropi tem uma visão reacionária do caipira paulista, mas são a seus filmes que o público paulista vai assistir. E propunha-se Mazzaropi como tema de meditação àqueles que queriam comunicar-se com o público.

Tais debates podem hoje parecer grotescos, e não se pode negar que foram em grande parte estéreis, mas refletiam um problema muito real e muito maior: a classe média, seu projeto para a sociedade brasileira, também não podia ter cultura própria nem projeto estético; a classe média, sem força para encarar no cinema sua própria debilidade, não podia formular um projeto estético para dar forma a algo que ela escondia. Éramos como Antônio das Mortes: somos incompreensíveis, nosso nome não deve ser pronunciado; fazemos cinema sobre e para os outros, como Antônio prepara a guerra para Manuel, colocando-se entre parênteses. Mas, como esse cinema, aparentemente referente e dedicado ao povo, de fato falava da desorientação da classe média (daquela que tinha a intuição dessa desorientação) e levava ao equacionamento de seus problemas, não constitui surpresa que nem a classe média, que em sua esmagadora maioria quer ignorar sua situação, nem o povo fossem seduzidos pelo cinema que se vinha fazendo e que se vem fazendo.

Não quero justificar, com uma explicação dessa ordem, as dificuldades de distribuição e exibição encontradas pelo cinema brasileiro: qualquer filme, inclusive sem nenhuma repercussão pública, desde que explore normalmente o mercado cinematográfico brasileiro, poderia cobrir suas despesas. Todavia, a cisão entre cinema e público não facilita a distribuição comercial, pois impede que os filmes brasileiros possam ser considerados como produtos de consumo.

O surgimento de um Antônio das Mortes mostra que o cinema brasileiro está alcançando a meta da fase que atravessa: a problemática da classe média; e, paralelamente, num mesmo movimento e esforço, encontra cada vez mais formas adequadas a sua expressão. Mas, até agora, o problema foi catar formas. Com exceção de alguns cineastas que escolheram suas formas no repertório do "cinema do tal chamado de universal" (parodiando Mário de Andrade), as formas só podiam ser populares: a classe média progressista quer inserir-se na perspectiva popular e o cinema quer dirigir-se ao povo. O Nordeste forneceu algumas dessas formas: tem uma tradição musical e literária que não poderia deixar de ser aproveitada. O cinema nunca chegou a fazer um *João Boa Morte, Cabra marcado para morrer,* em que um poeta erudito, Ferreira Gullar, abandonando a linha concretista, adota integralmente (ou plagia) uma forma de literatura de cordel para comunicar um conteúdo de renovação social. Mas o patrimônio nordestino foi bastante aproveitado. É o prolongamento de uma atitude que tem mais de quarenta anos. Mário de Andrade já queria, sem nenhuma intransigência, que a música brasileira encontrasse propositadamente suas formas no populário, e a música erudita de Villa-Lobos deve muito ao folclore.

O cantor popular passa a ser figura de destaque em alguns filmes: versifica e vende a estória de Zé do Burro, Rosa e Bonitão em *O pagador de promessas*. É o próprio Cuíca de Santo Amaro que introduz e encerra a estória de *A grande feira*, dando ao enredo um tom de narrativa popular; aliás desejava-se que as personagens do filme tivessem algo de estilizado que lembrasse a simplicidade psicológica dos heróis da literatura de cordel, e para o filme se fez um folheto publicitário em verso, respeitando em tudo os tradicionais folhetos nordestinos. A mesma intenção de dar ao filme um tom de narrativa popular transparece em *Mandacaru vermelho* (Nélson Pereira dos Santos, 1961). Quanto a *Deus e o Diabo*, as estrofes de estilo e ritmo popular pontuam a ação, possibilitando a passagem de uma parte para outra e comentando as personagens. Nesse filme, como em *A grande feira*, nesse modo de usar a literatura popular, Brecht estava presente no espírito dos realizadores. Mas apenas *Deus e o Diabo* conseguiu assimilar plenamente esses recursos, que nos outros filmes tinham sempre algo de artificial e exótico.

Na música, o fenômeno é extremamente sensível. Os filmes podem valer-se de música, pura, não tratada: ela é usada, com letras e harmonia, de modo documental, em *Barravento*, nas cenas de macumba, danças e pesca, e também tem um papel dramático. Em *Deus e o Diabo*, Sérgio Ricardo utiliza fielmente a harmonia popular que, associada à música erudita de Villa-Lobos, passa a constituir um conjunto sólido, dando ao filme um aspecto de ópera. Mas, geralmente, é à bossa-nova que recorrem os cineastas: Antônio Carlos Jobim compõe a música de *Orfeu do carnaval*, de *Porto das Caixas*; Carlos Lira, de *Gimba* e episódios de *Cinco vezes favela*. O espetáculo populista *Opinião* saúda o casamento: "O Cinema Novo ajudou muito a música popular brasileira". Nada mais natural se, conforme José Ramos Tinhorão, a bossa-nova tem uma origem similar à do cinema: a bossa-nova nasce "como decorrência do fenômeno de entusiasmo que levou a classe média a procurar nos morros a fonte da vitalidade de uma cultura que não encontra exemplo em seu próprio meio".[17]

Entre a constatação de que um filme é popular por ser baseado em problemas que dizem respeito ao povo, de que ele se vale de formas populares, e a conclusão de que ele é popular, ou seja, destinado a ser compreendido por um público popular, é um passo só, e uma confusão muito grande se estabelece. Em debate realizado em torno de *Deus e o Diabo*, a palavra *popular* reveste-se de todos os significados: o filme é popular porque "é o ascenso popular que o possibilitou"; "em sua legitimidade, é absolutamente popular", porque seu tema, o fanatismo, "é produto do povo do Nordeste numa fase de subdesenvolvimento"; é popular "porque está inscrito na perspectiva do público popular"; porque sua estrutura é desalienante e é "estruturado em função de uma platéia popular"; é popular porque o cineasta "vai buscar sua expressão na chamada sabedoria popular". Por um efeito de auto-sugestão, repetindo suficientemente determinada palavra, a gente chega a se convencer de sua veracidade. Poderemos repetir tanto quanto quisermos a palavra *popular*: *Deus e o Diabo* e o cinema brasileiro não se tornarão mais populares por isso. Dizer que *Deus e o Diabo* é filme popular é idealismo e mistificação.

Poder-se-ia pensar que quem está tão empenhado em fazer cinema popular pouco se importa com a cultura oficial. Mas o cineasta brasileiro preocupa-se bastante com a cultura oficial. Enquanto o cinema era dominado por fazedores de filmes, comerciantes ou artesãos bem-intencionados, a questão não se colocava. Quando o cinema percebe que pode vir a ser uma força cultural, inquietações surgem em relação a seu *pedigree*. Ele vai eleger um pai, pois o atual cinema brasileiro está praticamente sem antecedentes. As possibilidades de escolha são poucas: Humberto Mauro foi o

17. "Um equívoco de Opinião", 1964.

escolhido, com certa arbitrariedade, porque ainda hoje sua obra continua praticamente desconhecida. Liga-se seu nome a outros da cultura nacional — Graciliano Ramos, Heitor Villa-Lobos, Carlos Drummond de Andrade, Jorge Amado — e da cultura internacional. A propósito de *Deus e o Diabo,* cita-se Brecht, Buñuel, Camus, Kurosawa, Eisenstein, John Ford, Genet, Godard, Horácio, Kierkegaard, Platão, Sartre, Shakespeare, Visconti, o *western* e a tragédia grega, num delírio similar ao de Glauber Rocha ao tentar, em *Revisão crítica do cinema brasileiro,* integrar Humberto Mauro à cultura universal. Quer-se atingir a cultura universal pela força dos pulsos.

"Aquela frase do deputado Evaldo Pinto, de que o cinema brasileiro não é mais uma atividade divorciada das demais atividades culturais de nível mais alto do país, é uma verdade absoluta. Assim, o Cinema Novo conseguiu transformar o cinema brasileiro, ou melhor, deu ao cinema brasileiro essa categoria de manifestação, de expressão de nossa cultura", diz Nélson Pereira dos Santos;[18] e Paulo César Saraceni é ainda mais claro: "A ligação dos cineastas com os romancistas, longe de tornar o cinema literário, acaba com todo complexo de inferioridade que o cinema tinha para com outras artes".[19]

Apela-se para Graciliano Ramos, Guimarães Rosa, Jorge Amado, Carlos Drummond, Jorge Andrade, José Lins do Rego. Cabe ressaltar que se às vezes a adaptação de obra literária não passa do aproveitamento de um título conhecido do público ou de um enredo já pronto, freqüentemente, diretores e roteiristas entram num verdadeiro diálogo com o texto literário. É o que se dá com *Vidas secas, A hora e vez de Augusto Matraga, Menino de engenho,* que são obras de criação cinematográfica baseada numa rea-

18. "Debate em pré-estréia", 1964.
19. Citado por Otávio de Faria em "*Porto das Caixas* e o Cinema Novo".

lidade concreta e numa realidade literária. Nesses casos, não há empobrecimento do trabalho cinematográfico. Outrossim, o aparecimento quase que simultâneo de *Vidas secas* e *Deus e o Diabo na terra do sol* deixou bem claro o entrosamento do cinema com o melhor de nossa cultura. Fatos culturais, esses filmes o são porque suas estruturas refletem estruturas da sociedade brasileira, e porque não são cópias da realidade: seu realismo provém de uma inteira reelaboração da realidade, óbvia em *Deus e o Diabo,* que se coloca num plano quase alegórico, mas não menos sensível, embora mais discreta, em *Vidas secas.* Ainda que a fita tenha um aspecto e inclusive um sabor documentário, nada nela é documentário. Por outro lado, essas fitas opõem-se frontalmente. O ascetismo, o rigor clássico de *Vidas secas* contrasta com a exuberância barroca de *Deus e o Diabo*, que se relaciona com a obra de Guimarães Rosa. *Deus e o Diabo* filia-se a uma linha cultural em que encontramos *Os sertões* de Euclides da Cunha, *Seara vermelha* de Jorge Amado (*Deus e o Diabo* exprime muito mais — e ultrapassa — o livro de Jorge Amado do que o filme baseado no romance), *Fanáticos e cangaceiros* de Rui Facó, cuja tese se assemelha à do filme, a música de Villa-Lobos, mas é com Guimarães Rosa que tem as maiores afinidades. Como Guimarães, Glauber Rocha parte de um material selecionado na tradição popular e reelabora em matéria erudita, faz do sertão o mundo, coloca sua personagem principal entre dois pólos antagônicos; poder-se-ia até perceber afinidades entre o uso da elipse narrativa em *Grande sertão: veredas* e em *Deus e o Diabo,* assim como certas semelhanças literárias entre os diálogos do filme e o estilo de Guimarães Rosa. Se é verdade que, na literatura, o ascetismo de Graciliano Ramos e o barroco de Guimarães Rosa representam dois pólos característicos da cultura brasileira, *Vidas secas* e *Deus e o Diabo* deram ao cinema as feições principais da cultura que a burguesia brasileira elaborou.

Se o cinema brasileiro tivesse aspirado a ser de fato popular, essa vontade de erguer-se ao "nível mais alto" de que fala Nélson Pereira dos Santos entraria em contradição com a outra aspiração. Essa *categoria*, essas *outras artes* são a cultura oficial, amplamente aceita pela burguesia. Tal cultura, embora freqüentemente de inspiração popular, é justamente de uso privado da burguesia, é a cultura de boa qualidade para o consumo de elite da classe média, e o povo encontra-se fora do circuito em que circula. O cinema brasileiro teve e tem a intenção de tornar-se nobre. E, mais uma vez, encontramos o cinema brasileiro oscilando entre dois pólos: cultura popular e cultura oficial.

Mas é evidentemente na cultura burguesa e não na popular que, pela temática e pela forma, se inscreve o cinema brasileiro. Se, por volta de 1960, as obras resultam freqüentemente de um projeto político consciente, nem sempre lúcido, e os cineastas colocam todas as suas intenções no nível do conteúdo, aos poucos, por um processo de sedimentação, grande parte do significado deixou de ser tão consciente e passou para a estrutura. Rôni, Firmino, Tônio, Antônio das Mortes representam um processo de sedimentação e, o que é de maior importância, esse processo não se dá apenas em relação à obra de um diretor, mas em relação a um conjunto de diretores, ao cinema como obra coletiva. Se seus autores podiam (ou pensavam poder) explicar em termos claros o comportamento das personagens de *Cinco vezes favela*, já Glauber Rocha não mais consegue explicar Antônio das Mortes em sua totalidade. Isso porque, parece-me, o cinema brasileiro já é expressão de uma coletividade. Antônio das Mortes tem sobre parte da sociedade brasileira um efeito de catarse que um Firmino não conseguia ter. Essa catarse independe de posições ideológicas: tanto um Alex Viany como um Moniz Viana reconhecem em Antônio uma personagem fundamental. O mesmo processo de sedimentação produz-se simultaneamente em relação à forma. Primeiro falava-se em procurar racionalmente uma forma para o cinema brasileiro. Hoje, o cinema, independentemente das obras individuais de cada diretor, apresenta formas que não resultam apenas de uma procura deliberada, mas que já são fruto de um trabalho coletivo dos cineastas que expressa parte da sociedade brasileira.

DIÁLOGO E FOTOGRAFIA

Essa conquista de uma forma brasileira é sensível na evolução do diálogo, processando-se em duas frentes. Tem-se de substituir o diálogo redigido enfaticamente na estrita obediência às gramáticas portuguesas por uma fala que não só respeite o uso efetivo do português no Brasil, como também o elabore numa forma expressiva. Enquanto só agora o cinema brasileiro vem abandonando o uso do pronome enclítico, há décadas que a poesia trabalha com uma linguagem coloquial. A outra frente é a acústica. Como as salas foram construídas para a projeção de filmes estrangeiros em que o espectador lê o diálogo e não precisa ouvi-lo, bastando um vago rumor, a acústica sempre foi neglicenciada. Além de lutar para a reforma das salas, para a obtenção de um equipamento e de técnicos que lhes possibilite dar tratamento expressivo ao som, os cineastas devem, com os meios de que dispõem, fazer com que os diálogos sejam ouvidos. Portanto há simultaneamente questões técnicas e estéticas.

Se existem ainda diálogos enfáticos, como em *O beijo,* se aqui ou ali, num *A falecida* ou num *São Paulo S. A.,* há restos de diálogos que cheiram à pena do escritor, esses dois últimos filmes conseguem um diálogo coloquial, e já se realizam filmes que encontram soluções exemplares. Um deles é *Vidas secas.* Sendo praticamente mudo, o problema técnico é menor e, às vezes, não importa que não se entendam todas as palavras, antes pelo contrário, como ocorre nos dois monólogos superpostos de Sinhá Vitória e de

Fabiano. Mas essa solução também é realista e estética: o sertanejo fala pouco e a rarefação da comunicação verbal corresponde ao nível primário em que vivem essas personagens condicionadas pelo essencial. Outra solução rica e original, de cunho expressivo e estético, é a apresentada por *Deus e o Diabo,* em que se conjugam, por um lado, a laconicidade da introdução (antes do início da revolta) e a existente durante todo o filme entre Manuel e Rosa, e, por outro lado, o delírio verbal correspondente à alienação (Manuel sonhando com um futuro feliz, as declamações do beato e do cangaceiro) e o canto que acompanha e comenta a ação. O cinema-verdade, gravando entrevistas, respeitando a expressão, o vocabulário, o ritmo da fala cotidiana, será um grande auxílio para a conquista de um diálogo brasileiro. A abundância de diálogo em *O desafio* já revela a aquisição de uma fala espontânea, para o que contribuiu o cinema-verdade; é um fenômeno estético que expressa uma realidade social.

Outro aspecto dessa busca de uma forma brasileira é a fotografia. Os fotógrafos e iluminadores da Vera Cruz utilizaram um claro-escuro rebuscado, uma luz trabalhada pelo rebatedor, pelo refletor e pelos filtros. Era a única escola de fotografia do Brasil e continua tendo seus adeptos num Walter Hugo Khouri ou num Flávio Tambellini. Embora não se possa rejeitar sistematicamente esse tipo de fotografia, deve-se reconhecer que não está apto a expressar a luz brasileira. *O cangaceiro,* produção da Vera Cruz, fotografada por Chick Fowle, obtém efeitos de luz que nada têm a ver com a luz que envolvia os cangaceiros. Durante as filmagens de *Barravento,* Glauber Rocha briga com Toni Rabatoni e, diz a lenda, chega a jogar no mar os instrumentos de esculpir a luz. Pois a luz brasileira não é esculpida, não valoriza os objetos, nem as cores; ela achata, queima. A procura dessa luz era tanto mais imperiosa porque o ambiente corrente do cinema era o Nordeste e a esmagadora percentagem das filmagens se fazia ao ar livre.

Mas não se trata de reproduzir fielmente a luz do sertão: é preciso uma elaboração que chegue a uma interpretação da luz, vale dizer a uma interpretação do homem. A luz branca, ofuscante, obtida por José Rosa e Luís Carlos Barreto para *Vidas secas*, foi um verdadeiro manifesto do fotógrafo brasileiro. Valdemar Lima qualifica de *luz dura* a luz que conseguiu para *Deus e o Diabo*. Essa luz dura é o branco, branco achatado e mate; a fotografia brasileira é queimada, superexposta, esbranquiçada. E, se houver nuvens no céu, que sejam eliminadas da fotografia. É a guerra aos laboratórios, para os quais os matizes nunca são suficientes para o bom renome de seus estabelecimentos. É essa luz que esmaga Manuel carregando sua pedra em *Deus e o Diabo*, que esmaga Fabiano. É a luz de Guimarães Rosa: "A luz assassinava demais".[20] Não é apenas no sertão que a fotografia é branca: a luz de *Porto das Caixas* (fotógrafo: Mário Carneiro) também é inóspita. Qualquer sombreado, acinzentado, quaisquer matizes representam uma pausa, um alívio. Como será a fotografia dos filmes urbanos, não sei. A luz suburbana de *A falecida* é de um cinza pobre e deslavado, tão monótono quanto a vida das personagens e, nas ruas do Rio, é crua e esmaga. A fotografia esbranquiçada não é totalmente nova no cinema brasileiro: Edgar Brasil já procurava, para os filmes de Humberto Mauro e Mário Peixoto, o branco. Mas era um branco matizado, leitoso e brilhante, que não tinha a agressividade do branco de hoje. Esse branco agressivo não é propriedade do Brasil: vamos encontrá-lo nas paisagens rochosas e semidesérticas da Grécia de *Electra* (Cacoyannis) e da Sicília de *Salvatore Giuliano* (Francesco Rosi).

20. *Grande sertão: veredas.*

Tal preocupação com a luz não provém da arbitrária vontade de ter uma luz específica para o cinema brasileiro. É um elemento fundamental porque a maioria dos brasileiros não vive em algo que se possa chamar de casa. Viver numa casa adequadamente construída e equipada supõe uma integração na sociedade. Ora, justamente as principais personagens do cinema brasileiro não são integradas na sociedade. Os Fabianos, os Manuéis são por ela explorados e rejeitados. É o homem abandonado, e seu ambiente não é uma construção de alvenaria, mas sim a própria natureza. Acrescente-se a isso que as cenografias feitas em estúdio, além de em geral serem de má qualidade, não satisfazem às exigências de realismo e caíram em descrédito quase no mundo inteiro; que filmar em exterior ou em ambientes naturais é muito mais barato, e esse foi um fator determinante. Deve-se acrescentar que as filmagens em exterior são, desde os anos 20, uma tradição do cinema brasileiro, o que se deve a obstáculos técnicos e econômicos, mas também a intenções expressivas. Humberto Mauro conta as dificuldades de iluminação que tinha ao filmar em interiores, mas não esconde sua paixão pela natureza. Os fatores econômicos e técnicos não teriam sido suficientes se filmar em exterior não correspondesse a uma necessidade de expressão. Isso é tão verdade que os filmes ambientados no Nordeste (a vida rural também justifica o exterior) e em favelas são os que têm a mais alta percentagem de exteriores; já os filmes que focalizam a classe média na cidade são obrigados a recorrer mais aos interiores. Nos filmes rurais, a casa, o interior, é um lugar privilegiado, o lugar que justifica uma fotografia sombreada, como que úmida em relação à fotografia agressivamente branca. A vida organiza-se em *Vidas secas* a partir do momento em que Fabiano encontra uma casa; sem casa, a vida é andança. Fora vivem os cangaceiros, fora andam os imigrantes.

Mas quem valoriza ao máximo as relações interior-exterior é Glauber Rocha. Em *Barravento* e *Deus e o Diabo,* o ambiente dos homens é a natureza, mar ou caatinga. O interior, raro, torna-se assim um lugar excepcional. Em *Barravento* é o lugar do inumano. Os únicos interiores são as cenas de macumba e o velório dirigido pelo Mestre já desacreditado. É o lugar da magia, da religião, daquilo que entrava a liberdade e a razão do homem. Já em *Deus e o Diabo,* o uso do interior é um pouco mais complexo. Antes da revolta de Manuel, o interior é um lugar humano, mais humano que o exterior: Manuel e Rosa moem a mandioca e sonham com uma vida melhor. Depois da revolta, o interior (apenas três cenas) é o lugar do clímax; a maior violência do beato (o assassinato da criança na capela) e do cangaceiro (o saque da fazenda) estoura em lugares fechados. É em lugar fechado que nos é apresentado Antônio das Mortes. A personagem de Glauber Rocha vive seu drama na solidão de um descampado, seja o mar, seja o sertão. É Firmino contra o céu, é Corisco filmado em câmara alta girando sobre a terra, é Sebastião dominando o Monte Santo. Os pescadores de *Barravento* vivem quase nus, até a manifestação social da vestimenta foi eliminada (só Firmino, que vem da cidade, é inteiramente vestido) e há entre eles e a natureza uma espécie de osmose, que o próprio título do filme sugere, pois se refere tanto a um fenômeno social quanto natural. Longos planos de mar pontuam a ação da personagem, que está freqüentemente como que ameaçada de diluir-se num lirismo panteísta. Inesperadamente, a natureza torna-se violenta e parece responder a Firmino quando este faz a macumba, e zanga-se no suicídio de Cota, após o desvirginamento de Aruã; o mar mima a narração da velha contando uma ira de Iemanjá. A natureza é quase personalizada e não deixa de intervir quando julga necessário. É menos participante em *Deus e o Diabo,* tornando-se simplesmente o palco do drama. Mas assim mesmo uma tempestade não deixa de levantar-se quando Antônio das Mortes decide exterminar os fanáticos. No filme, todos os elementos naturais são altamente valorizados: a terra, a vegetação, as pedras, a luz, a ampla paisagem dominada pelo Monte Santo, o vento que se mistura à música de Villa-Lobos. Esse telurismo, essa vontade de abarcar o drama dos homens e da natureza encontra-se em todos os níveis da obra de Glauber Rocha: a ação é realista e alegórica; a música erudita mistura-se à popular; as personagens expressam-se pela fala e pelo canto, pelo gesto e pela dança. Tudo isso, que já era sensível em *Barravento* (a gesticulação de Antônio Pitanga chega às vezes à coreografia), torna-se em *Deus e o Diabo* uma integração de todas as artes para a elaboração de um espetáculo épico. Essa vontade totalizadora atinge uma expressão física com os movimentos circulares, quer os atores girem sobre si próprios, quer a câmara faça panorâmicas ou envolva as personagens em círculos fechados. Essas características são próprias de Glauber Rocha, mas a natureza como ambiente dos homens caracteriza grande parte do cinema brasileiro.

FILMES ABERTOS

Outra característica formal que se repete no cinema brasileiro é a ausência de conclusão, o filme que acaba sobre uma expectativa. O filme apresenta problemas que ultrapassam as personagens e atingem toda a sociedade. As personagens não resolvem e não podem resolver tais problemas; logo, o filme coloca em conclusão: que vai ser dessa gente? Os problemas serão resolvidos ou não? Tal atitude de indagação também se liga ao fato de que os filmes em geral apresentam os problemas populares aos dirigentes e não esperam do povo a solução. A ação de *A grande feira* completa-se e se o filme fica em aberto é graças ao comentário do cantador: a grande feira continua; o mesmo ocorre com *Sol sobre a lama:* "Mas a luta continua", diz Valente.

Recurso às vezes usado é o primeiro plano final: qual será o futuro do menino favelado cujo rosto é um ponto de interrogação no fim de *Meninos do Tietê*? Que reserva a vida a Tônio no fim de *Bahia de Todos os Santos*? Recurso mais forte é a ida, a marcha, a corrida. Para onde? Para um futuro ou um lugar desconhecido onde poderão ser resolvidos os problemas, ou para viver exatamente os mesmos problemas? É a marcha final dos camponeses em *Maioria absoluta*: a vida dessa gente continua e a tua também. É a ida de Aruã para a cidade em *Barravento*; último plano da personagem: Aruã afasta-se lentamente. É a mulher de *Porto das Caixas* que se afasta nos trilhos: que vai fazer de sua vida? Libertou-se mesmo? É a viúva de Tião Medonho e seus dois filhos que andam na ruela da favela após o saque de sua casa no fim de *O assalto ao trem pagador*: para que destino? É a corrida estafante do garoto no fim de *Gimba*: para Gimba a ação acabou, pois ele morreu, mas as circunstâncias que criaram Gimba continuam, e será o garoto, ele também, um bandido vítima das condições sociais? É a corrida de Manuel no fim de *Deus e o Diabo:* atingirá o mar que o diretor nos apresenta? Sem valer-se de tais recursos, Walter Hugo Khouri indica claramente no fim de *Noite vazia* que nada foi solucionado e que é muito provável que tudo continue como antes; e, para Carlos, que volta a São Paulo após sua explosão, é também provável que tudo fique na mesma. É o trem que leva embora o menino de engenho: do trem já em movimento, um último olhar sobre o Santa Rosa agonizando é o prelúdio de um futuro desconhecido. Marcelo resolverá suas contradições? A marcha final de *O desafio* leva a personagem para um futuro ativo ou para a permanência de um presente que estagna?

Às vezes, alguns planos documentários desligados da ação assimilam essa personagem de futuro incerto a um conjunto social: *Meninos do Tietê, São Paulo S. A.*, ou as arquibancadas repletas de um estádio de futebol em *A falecida*. O que melhor resolve essa tentativa de significar que o filme não acabou e que todos os problemas ficam para resolver é terminar o filme como se iniciou: é o que Flávio Rangel faz em *Gimba*, ou Geraldo Sarno em *Viramundo*, que se abre e se encerra com a chegada dos nordestinos a São Paulo. Mas o filme que mais dá a noção de ciclo fechado é *Vidas secas*: a estrutura do filme obedece ao suceder das estações, acaba como começou: Fabiano e sua família, expulsos pela seca, andando. Fecha-se o círculo e se o filme fica em aberto é porque, sobre os últimos planos, se superpõem palavras de esperança de Sinhá Vitória.

Será que esse final, tão característico da ideologia do cinema brasileiro, se modificará à medida que se penetre mais lucidamente na problemática da classe média? Seria audacioso demais afirmar que, se *São Paulo S. A.* tivesse sido feito há alguns anos atrás, a trajetória de Carlos não se encerraria com sua volta à cidade, mas que, deixando-se o filme mais aberto, se passaria diretamente da saída da cidade para os planos documentários finais? Quanto a *A falecida*, não só Zulmira morre, como seu marido se sente psicologicamente acabado e é esmagado pelo tumulto da massa; e também Matraga morre.

A FORÇA DA PERSONAGEM

Esse final aberto e dinâmico, embora conservando seu significado principal, matiza-se diferentemente em cada filme. É quase contemplativo em *Bahia de Todos os Santos*; é uma violência física em *Deus e o Diabo*. Em *Porto das Caixas*, abandonamos a personagem que, de costas, se afasta da câmara parada, e a imobilidade do aparelho comunica angústia e certa impotência, enquanto em *Gimba*, ao acompanhar em carrinho lateral, bastante de perto, o garoto que corre, a câmara, em sua impossibilidade de desligar-se dele, toma insistentemente posição a seu favor.

Mas a personagem principal não morre no final do filme, os obstáculos encontrados não são suficientes para matar uma personagem que sempre encontra energias para pelo menos sobreviver. Com a morte de Zé do Burro, *O pagador de promessas* representa uma exceção (exceção também é o final com uma — suposta — vitória e não com uma expectativa). Há, evidentemente, filmes em que a personagem morre, mas trata-se quase sempre de dramalhões, mais preocupados em respeitar certas regras dramáticas acadêmicas do que em procurar um humanismo brasileiro. Morrem também as personagens centrais dos filmes de Roberto Farias: exigências do herói.

Essa personagem que sobrevive é quase sempre jovem, às vezes adolescente (Fabiano, que aparenta uns 35 anos, é uma das personagens principais de aparência mais velha no recente cinema brasileiro), e nem sempre é o motor da ação, como em *Vida secas*; e inclusive quando o é, como nos filmes de Glauber Rocha, há freqüentemente uma tendência para que a ação seja iniciada e encerrada por forças exteriores ao grupo social no meio do qual se desenrola o filme: apesar de Rosa ter matado o beato, é Antônio das Mortes que põe um ponto final à aventura do Monte Santo, como à do cangaço. Assim mesmo, a personagem é forte, o conjunto do filme gira em torno dela, seu comportamento é claro, sua psicologia é facilmente identificável. Entendemos a personagem sobretudo através de sua ação ou de suas reações ao mundo exterior que se traduzem em gestos e ação. Não se procura mergulhar nas profundezas abissais da psicologia ou da psicanálise. A personagem é apanhada no nível do consciente, nunca nos perdemos nos labirintos do subconsciente ou do inconsciente.

Isso permanece verdadeiro até quando as personagens não são totalmente lúcidas. Temos justificados motivos para duvidar do grau de consciência de Fabiano, sabemos que Manuel vive duas alienações: no entanto, nunca os diretores nos fazem penetrar no interior dessas personagens para dissecar suas dúvidas, sua consciência, suas alienações. Vemos sempre a ação dessas personagens no seio da coletividade. A forte estrutura dessas personagens lhes possibilita serem de imediato identificadas como tipos sociais. Fabiano e Manuel condensam em si uma série de características pertencentes a um grande conjunto social. Manuel não é apenas *um* vaqueiro: é uma visão global do nordestino, é uma personagem típica, em que o social predomina sobre o individual. Glauber Rocha é perfeitamente consciente desse fenômeno quando diz que Manuel e Rosa constituem uma família *normal,* com a qual os espectadores se identificarão facilmente. Essa afirmação é contestável apenas porque Manuel e Rosa não são uma família tão normal e porque a identificação é mais fácil com Antônio das Mortes, e é desejável que seja assim. Tal afirmação seria mais válida para *Vidas secas,* em que a família de Fabiano é de fato *normal* e em que a eliminação do cotidiano, do circunstancial, levada, parece-me, aos limites do possível dentro de uma obra de aparência realista (ir além da fronteira atingida por Nélson Pereira dos Santos seria um pulo para a alegoria), permite a passagem quase imediata de Fabiano não só para o camponês nordestino mas principalmente para o homem que vive determinadas condições sociais, da obra particular para o geral.

A solidez da personagem no cinema brasileiro, que o diferencia nitidamente do europeu, em que a personagem se eclipsa, é a expressão da ideologia nacionalista que vigorava quando da realização desses filmes. Não só o Brasil precisa transformar-se e desenvolver-se, como também transformação e desenvolvimento devem resultar da decisão dos homens. É essa tônica ideológica, reação natural num país dependente cujos centros de decisão se encontram fora de suas fronteiras, que salienta Michel Debrun ao dizer que, para os ideólogos brasileiros, "o desenvolvimento não deve ser dirigido do exterior e deve manifestar um *projeto* da coletividade ou de seus intérpretes qualificados", e que a noção de projeto "-expressa bastante bem o futurismo e o *voluntarismo* do nacionalismo brasileiro, a certeza de que a comunidade pode e deve dar uma direção radicalmente nova a seu destino se seus membros responsáveis assim resolverem".[21] Penso que esse *voluntarismo* foi o suporte mais sólido da personagem, a garantia de sua força.

A esse voluntarismo, que é uma das facetas do populismo, deve-se a valorização do indivíduo, da personagem isolada (Fabiano, Manuel, embora representantes de um grande conjunto social, são personagens sós), e também a ausência de massa, o que é pelo menos estranho num cinema que se quer popular; o comício, a manifestação de massa, a aglomeração de pessoas em torno de uma idéia política ou de uma ação conjunta é praticamente inexistente: *O pagador de promessas* (massa que se reuniu em torno de Zé do Burro e o leva para dentro da igreja) e *Sol sobre a lama* (ataque à draga) são exceções, e é sozinho que Manuel corre em direção a sua eventual revolução anunciada por Antônio das Mortes. Em contrapartida, a massa é apresentada em aglomerações que fazem parte integrante da vida social e que não têm matizes políticos, motivo pelo qual encontramos com tamanha freqüência, no documentário e também no filme de ficção, feiras, estações, estádios.

Mas como, nesse ponto particular, a ideologia do nacionalismo voluntarista está divorciada da realidade, o suporte virá a falhar e a personagem não poderá deixar de modificar-se e de enfraquecer-se. Isso por um lado. Por outro, se os Manuéis foram até agora as personagens centrais dos filmes, eles serão substituídos pelos Antônios das Mortes. Então, as personagens se alterarão forçosamente, porque à unilateralidade de um Manuel ou de um Fabiano sucederá a ambigüidade, a contradição, a hesitação, a

21. "Nationalisme et politiques du développement au Brésil", 1964. Os grifos são meus.

dificuldade de escolher. Carlos de *São Paulo S. A.* ainda é uma personagem relativamente forte. Mas sua impossibilidade não só de idealizar, quanto mais de realizar um projeto — impossibilidade essa que é a nossa — e até de reconhecer seus problemas e os da sociedade em que vive e de saber o que deseja, levará, é bastante provável, a personagens que tenderão a diluir-se e, eventualmente, ao aparecimento do subconsciente.

Já temos em *A falecida* uma personagem inteiramente dominada pelo subconsciente. No meio de um mundo urbano que a personagem não entende e não controla, esta tenderá a atomizar-se. E, mais freqüentemente, as personagens poderão morrer no fim dos filmes. Trata-se, é claro, de uma tendência provável, e as realizações concretas não deixarão de depender das atitudes assumidas pelos diretores diante da situação social. Prenúncio dessa previsível dissolução da personagem sólida, já o encontramos em *São Paulo S. A.*, não em Carlos, mas na importância assumida no filme pelo objeto, pela série, pela quantidade, pela fragmentação do roteiro e pelo retrospecto.

Assim, embora aspirando a ser popular por sua temática e pelo público que desejava alcançar, o recente cinema brasileiro, tanto o cinema de idéias como o artesanal e comercial, foi popular apenas na medida em que se inspirou em problemas e formas populares. Mas o que fez foi elaborar temática e forma que expressam a problemática da classe média. De *Cinco vezes favela* até *A falecida, São Paulo S. A.* e *O desafio,* passando por *Deus e o Diabo na terra do sol,* divisor de águas do atual cinema brasileiro, elaborou-se em alguns anos uma temática que vai de uma alienação na qual a classe pretendia ilusoriamente identificar-se ao povo, a uma possibilidade concreta de afrontar os problemas dessa classe.

Dois caminhos parecem atualmente abertos. Dando prosseguimento a *A falecida,* exteriorizaremos a alienação da classe média, penetraremos nos meandros de suas contradições expostas num nível individual e psicológico. *São Paulo S. A.* e *O desafio* abrem-nos uma perspectiva mais fecunda: trata-se de um corpo-a-corpo com a situação da classe média, não apenas de manifestar a falta de perspectiva, as contradições e hesitações, sua dependência em relação à burguesia, como também apontar precisamente como se manifesta tal situação e o que a motiva.

Por seu conteúdo, por suas personagens, por seu estilo, por ter escolhido o passado, por sua identificação com a cultura oficial, o cinema feito nos últimos anos no Brasil é um cinema tipicamente de classe, que visou equacionar a problemática da classe média e encontrar para ela uma saída e, ao fazer isso, já começou a criar-lhe uma tradição cultural no campo cinematográfico. Essa parece ser a mais válida tradição cultural e crítica que a classe média possa atualmente elaborar. Isso foi feito com a cobertura da ideologia oficial promovida pelos governos que se sucederam de 1956 a 1964. Essa foi a preocupação exclusiva de nosso cinema. Pensar que foi popular é uma ilusão. Hoje, esse cinema encontra-se diante de quatro problemas fundamentais: levar adiante a temática da classe média; enfrentar no plano policial e cultural os novos rumos tomados pela sociedade brasileira; resolver o problema do público (sendo um cinema classe média, não sensibiliza o povo, e sendo um cinema crítico, a classe média o rejeita, o que faz com que esteja atualmente cortado do público); encontrar uma estabilidade econômica, sendo esse item um problema em si e sendo também relacionado com o item anterior. Este livro teve a pretensão de contribuir para desmascarar uma ilusão, não apenas cinematográfica: o cinema brasileiro não é um cinema popular; é o cinema de uma classe média que procura seu caminho político, social, cultural e cinematográfico.

São Paulo-Brasília, 1965/66

Posfácio

João Cláudio Jorge Renato 67

Carlos Augusto Calil

Quando surgiu, num efervescente 1967, *Brasil em tempo de cinema* provocou grande barulho. O seu felicíssimo título prometia sintonia com o novo, com a vanguarda, artística e política, na perspectiva de um horizonte de conquistas certeiras para a inteligência brasileira que havia abraçado o cinema.

Vinha muito bem embalado, na editora de ponta (Civilização Brasileira), com capa caprichada (Marius Bern), prefácio do maior crítico de cinema (Paulo Emílio), orelha de um grande crítico literário (Otto Maria Carpeaux), além do mais estrangeiro como o próprio autor, um jovem francês de trinta anos. Não poderia apresentar melhores avalistas: o mestre, em que mirava seu futuro, e o grande crítico estrangeiro que havia logrado assimilar-se à alta cultura brasileira.

Jean-Claude Bernardet debutava no estilo consagrado na época pelos jovens intelectuais ingleses, os *angry young men*. Radicais, de esquerda, sem papas na língua, dispostos a botar a louça para quebrar.

Curiosamente, e ao contrário dos colegas ingleses, o alvo de sua crítica não era o *establishment*, mas o trabalho de sua própria geração, ainda incipiente, mas não menos ambicioso.

Rara a audácia do jovem: análise a seco das obras e do contexto, inseparáveis na cartilha do *scholar* em formação. Operação feita sem anestesia, a crítica na lata, sem recuo histórico, um salto mortal sem rede de segurança.

O intelectual temerário valia-se de "intuição" e "vontade" para defender uma tese universitária: a de que o cinema brasileiro era uma manifestação oriunda da classe média e a ela destinada. Arte de classe. Esse truísmo, que hoje não choca, na época suscitava forte reação entre os cineastas e artistas que sinceramente dedicavam o melhor de si numa arte revolucionária, que deveria falar em nome do povo ao próprio povo. Doce ilusão que alimentou a fantasia de muito jovem idealista. Para Jean-Claude, o cinema brasileiro ainda não dava ao público "um satisfatório reflexo de si próprio".

Outra característica original do texto era sua subjetividade assumida, "quase uma autobiografia". A crítica social que então se praticava não permitia a emergência do pessoal, deveria ser "objetiva". Esse aspecto certamente atraiu a atenção do guru Paulo Emílio, que viu o autor "presente de corpo inteiro" na sua obra. É de fato pungente acompanhar a maneira como o jovem francês se apropria do país a partir dos filmes e, nesse movimento, o compreende e se torna voluntariamente brasileiro, sem jamais perder a visada crítica.

O texto é marcado pela ideologia dominante na época, segundo a qual o cinema brasileiro estava impedido de disputar o mercado interno, pois este era ocupado pelo cinema estrangeiro. Consciência advinda da recente falência da Companhia Cinematográfica Vera Cruz. Nesse quadro, o inimigo é o comerciante, distribuidor estrangeiro ou exibidor nacional, a serviço do filme estrangeiro. Essa visão ainda hoje sustenta a política protecionista praticada pelo poder público.

"Para o público brasileiro, cinema é cinema estrangeiro", constatava desconsolado o autor. Parecia então legítimo que a imposição do cinema brasileiro fosse compreendida como um fator inevitável de descolonização cultural, na esteira de um luminoso artigo de Paulo Emílio, "Uma situação colonial?", publicado em 1960.

Para Jean-Claude, no entanto, a conquista do mercado não pode ser apenas institucional; "é tarefa das mais urgentes, do cinema brasileiro, conquistar o público. [...] Sem a colaboração do público a obra fica aleijada. Por isso, a conquista do mercado pelo cinema brasileiro não é exclusivamente assunto comercial: é também assunto cultural artístico". Essa posição, hoje ainda relevante pela sua originalidade, deixava transparecer um preconceito intelectual predominante na época: a desvalorização dos filmes comerciais. Críticos e cineastas ignoravam chanchada, Mazzaropi, *O cangaceiro*, *O ébrio*; filme de sucesso era concessão ao gosto popular, isto é, vulgar.

Um dos temas mais caros ao livro é o da ausência de tradição de representação do país no cinema brasileiro: "a realidade brasileira não tem existência cinematográfica". E assim cada filme se esgota em si mesmo, corresponde a "uma experiência que não frutificou". A conseqüência disso foi a proliferação dos ressentimentos entre os cineastas em geral, não importa se bem ou malsucedidos, pois todos, sem exceção, de algum modo pagaram um alto preço à marginalização de sua profissão.

A postura do crítico oscila ao longo do livro. Ele começa na posição do professor às voltas com a demonstração de sua tese: tudo precisa conformar-se a ela. Se necessário, remonta certa seqüência de *A grande cidade*. A presunção de autor o estimula igualmente a pontificar como deveria ser o final de *O pagador de promessas*, "o filme seria muito mais incisivo se...". Na sua análise, utiliza indistintamente filmes e roteiros ou projetos de filmes e trata-os no mesmo nível, desde que o efeito lhe seja favorável.

Em paralelo, como uma melodia em contraponto, vimos irromper o agudo crítico de cinema, às páginas 77 e 78, na análise de *Barravento.* Preso à leitura da obra (*close reading*), demonstra do ponto de vista exclusivamente formal, pela análise do enquadramento e da montagem, que a ação provém "de fora para dentro". Abandona a fantasia totalizante, o discurso generalista que tende ao abstrato, para reter os traços concretos do objeto de sua análise.

"A atitude do crítico diante do cinema de seu país é obrigatoriamente combativa, e sua responsabilidade é direta, não só diante dos filmes, mas também diante da realidade abordada, diante do público e dos cineastas." Profissão de fé.

Paulo Emílio, que sempre desconfiou da sociologia na arte, afirmou no prefácio: "não acredito em generalizações". Soava como uma maldição a ser superada. Outra sentença do mestre marcou igualmente Jean-Claude. Proferida numa palestra a um público leigo, afirmava com decidido espírito de provocação que o "o cinema não existe, existem os filmes".

Visto de hoje, com o confortável recuo de quarenta anos, o livro revela-se sismógrafo das candentes questões que dividiam a arte, a política, o comportamento individual e social. "Discutia-se se o autor devia abdicar totalmente de suas inquietações pessoais, renunciar a fazer uma obra que o expressasse como artista, para dedicar-se a filmes sobre a realidade exterior — sacrificar o artista ao líder social." Retrato do artista Leon Hirszman quando jovem.

Na impossibilidade de representar-se como classe média, e desconhecendo a realidade do operário, os cineastas caíram na armadilha do marginalismo, que contaminou outras experiências: "Seja marginal, seja herói", mistificava Hélio Oiticica. Esse marginalismo era amplo o suficiente para abrigar artistas, crianças, desbundados, bandidos romantizados. Quando o Cinema Novo tornou-se corrente dominante, alguns desgarrados e dissidentes criaram o Cinema Marginal, acentuando a opção. Mas já era o fim da linha. E *Macunaíma* surgia em 1969 para apontar o futuro: o encontro de um cinema culturalmente responsável com o público, por intermédio da identificação com a forma chanchada, até então execrada.

Para chegar nesse estágio, o caminho foi tortuoso. A solidariedade humanista substituíra a política, "e paternalisticamente o cinema brasileiro vai tratar dos problemas do povo". Sua estratégia foi estabelecer a mediação de personagens de transição (representantes da classe média) entre o povo e a burguesia. Antônio das Mortes (*Deus e o Diabo*), Carlos (*São Paulo S. A.*), Marcelo (*O desafio*) são portadores de "má consciência" de classe.

A transferência dos valores afetivos de adesão social e política à classe explorada se dá por "sedimentação", "grande parte do significado [...] passou para a estrutura". Somente quando adquire forma, a intenção expressa no conteúdo se realiza. A ideologia, no cinema brasileiro, é "obra coletiva" inconsciente, emerge de um processo. Leitor de Lukács, Jean-Claude procura nas estruturas dos filmes valor equivalente a certas estruturas da sociedade brasileira.

Tal ênfase leva à natural inferência de que o cinema teria exclusividade de representação de classe na cultura brasileira, o que certamente não corresponde nem à expectativa nem à realidade prática do teatro ou da música popular, cuja principal manifestação foi a bossa nova, realização bem-sucedida da classe média para seu consumo, inclusive internacional.

Com coragem, cujo excesso beira a temeridade, o autor enfrenta uma questão-chave, recorrente entre nós: o perigo do oficialismo na cultura. "E, mais uma vez, encontramos o cinema brasileiro oscilando entre dois pólos: cultura popular e cultura oficial." Com admiração, mas sem reverência, reconhece que *Vidas secas* "enquadrava-se perfeitamente na política oficial". O autor implacável via no cinema culturalista, que então se esboçava nos curtas-metragens acadêmicos de David Neves, Gustavo Dahl e Júlio Bressane, o "prenúncio de um cinema fascista?". Esse exagero injustificado lhe custou muita hostilidade desnecessária.

Já se disse que o Cinema Novo era herdeiro do modernismo. Como este, incorreu no oficialismo, que Jean-Claude chamou em seu livro de "diálogo com os dirigentes". Mário de Andrade, Oswald de Andrade, Tarsila, Drummond, Portinari, Villa-Lobos, Glauber Rocha, Joaquim Pedro, Leon Hirszman, os grandes de seus respectivos movimentos circulavam na esfera do poder. No Brasil, constata-se certa promiscuidade, impensável em outras sociedades, entre poder e prestígio artístico e intelectual.

Obras da imaturidade, mas de grande potência transformadora, *Revisão crítica do cinema brasileiro*, de Glauber Rocha (1963), e *Brasil em tempo de cinema* (1967) guardam semelhanças e simetrias para além dos excessos ideológicos. Os livros têm ambição revolucionária, apresentam certo voluntarismo militante, acentuado viés pessoal, advogam uma radicalidade combativa, repetem os mesmos equívocos com relação ao tabu *Limite* — uma compreensível incompreensão —, que ambos os autores não tinham visto.

No seu livro, Jean-Claude aponta, com razão, a arbitrariedade da escolha do patrono do Cinema Novo: um "delírio" de "Glauber Rocha ao tentar, em *Revisão crítica do cinema brasileiro*, integrar Humberto Mauro na cultura universal. Quer-se atingir a cultura universal pela força dos pulsos". Somente um francesinho impertinente poderia perceber o álibi provinciano. Mas Jean-Claude não é hostil ao baiano de quem espera a afirmação de uma tendência promissora: o "realismo poético revolucionário". Na análise de *Barravento*, o autor reconhece a força desestabilizadora da contradição glauberiana, mas está ainda bloqueado para registrar o poder perturbador do seu erotismo.

Com seu ímpeto generoso e polêmico, *Brasil em tempo de cinema* causou um impacto considerável na geração que atingia a adolescência em meados dos anos 60. A promessa do seu título arrastou muito jovem ambicioso para o campo do cinema, onde se travava a batalha decisiva de uma arte brasileira renovadora.

Para Jean-Claude, em 1967 o cinema brasileiro encontrava-se "diante de quatro problemas fundamentais: levar adiante a temática da classe média; enfrentar no plano policial e cultural os novos rumos tomados pela sociedade [leia-se enfrentar a ditadura]; resolver o problema do público; encontrar uma estabilidade econômica". Desses mandamentos, só um foi de fato resolvido. E pela história: o fim da ditadura militar.

Com todos os excessos de obra de juventude, e apesar da camisa-de-força ideológica, *Brasil em tempo de cinema* mantém-se de pé com a mesma estridência, passados quarenta anos. Livro de escritor, sua fluência já prefigurava a carreira futura do seu desconcertante autor, que se desdobraria em múltiplos perfis: crítico de cinema, romancista, roteirista, ator, diretor, criador de jogos, professor, imoralista. As perguntas que o seu livro então formulou ainda não foram respondidas.

Janeiro de 2007

APÊNDICES

Termos técnicos empregados

O *produtor* é quem financia ou arranja financiamento para a realização de um filme. Considera-se *independente* a produção que não é feita por uma companhia especializada na produção cinematográfica, mas por particulares que em geral empenham dinheiro para a realização de um único filme por vez. O *exibidor* é quem apresenta o filme em salas de projeção comerciais. O *distribuidor* é o intermediário entre o produtor e o exibidor. As salas comerciais formam o circuito comercial; o *circuito paralelo* seria constituído por salas de projeção não comerciais. O *cineclube* tem por finalidade a divulgação da cultura cinematográfica e não é um organismo comercial. A *cinemateca* é em relação ao cinema o que é a biblioteca em relação aos livros.

Os filmes podem ser de *curta-metragem*: até meia hora; de *média-metragem*; ou de *longa-metragem*: mais de uma hora, em geral uma hora e quarenta.

O *roteiro* é o texto que serve de base para as filmagens: descreve todos os planos na ordem teoricamente definitiva, contém os diálogos e indicações relativas à *faixa sonora*, que se compõe, além dos diálogos, dos ruídos e da música.

Qualifica-se de *fílmica* a realidade natural escolhida para ser filmada, ou a artificial elaboração para ser filmada.

O *diretor* é quem transforma o roteiro em imagens. A tendência brasileira é que o diretor também seja autor do roteiro, participe da produção, da montagem, de todas as fases do filme, tornando-se assim realmente o autor do filme.

Quando a câmara está *alta*, filma de cima para baixo; quando *baixa*, filma de baixo para cima.

A câmara tem dois movimentos fundamentais: o *carrinho* (a câmara e seu pé movimentam-se sem que haja mudança de ângulo entre um e outro; o carrinho pode ser para a frente, para trás, para a esquerda ou a direita, para cima ou para baixo, lateral) e a *panorâmica* (o pé permanece imóvel enquanto a câmara se movimenta). Os dois movimentos podem conjugar-se. Quando a *câmara* está *na mão*, o cinegrafista pode imprimir-lhe qualquer movimento.

O *plano* é uma imagem obtida por um só acionamento do motor da câmara. A profundidade do plano é avaliada pela relação dimensional existente entre a figura humana e a cenografia ou paisagem. Essa profundidade pode variar: desde o *plano de grande conjunto*, o homem quase que desaparece no ambiente, até o *grande plano*, um rosto ocupa toda a superfície da tela.

A *fotografia* pode ser mais ou menos exposta: quanto mais ela é exposta, mais branca fica; quanto menos é exposta, mais escura fica. Pode-se fotografar com luz artificial (quando se filma em *estúdio* ou de noite), ou com luz natural; nesse caso, para orientar a luz, podem ser usados *rebatedores*, superfícies brancas ou prateadas. A preparação da luz é o trabalho do *iluminador*.

A *montagem* (ou edição) é a ordenação, um após o outro, dos planos; pode ser feita de modo a que o espectador sinta mais ou menos o *corte,* ou seja, a passagem por justaposição de um plano para outro.

A *seqüência* é uma parte do filme que constitui em si uma unidade de ação. A *cena* é um fragmento de ação que se passa num só lugar.

O *retrospecto* é a introdução no tempo presente de uma ação passada.

Cinema-verdade é uma forma de documentário (ou eventualmente de ficção) em que se recorre a entrevistas filmadas e gravadas.

Bibliografia

ABRANCHES, Carlos Dunshee de: "Vitória da classe média", *Jornal do Brasil*, Rio de Janeiro, 16 de outubro de 1965.

ARRAES, Miguel: *Palavra de Arraes*, Editora Civilização Brasileira, Rio de Janeiro, 1965.

BARRETO, Vítor Lima: *Quelé do Pajeú*, Editora das Américas, São Paulo, 1965.

CACÉRÈS, Benigno: *Histoire de l'éducation populaire*, Éditions du Seuil, Paris, 1964.

CHACON, Vamireh: *História das idéias socialistas no Brasil*, Editora Civilização Brasileira, Rio de Janeiro, 1965.

COSTA, Armando, PONTES, Paulo e VIANA, Oduvaldo (Filho): *Opinião*, Edições do Val, Rio de Janeiro, 1965.

DAHL, Gustavo (e outros): "Vitória do cinema novo", *Revista Civilização Brasileira*, Rio de Janeiro, nº 2, maio de 1965.

DEBRUN, Michel: "Nationalisme et politiques du développement au Brésil", *Sociologie du travail*, Paris, n° 3, 1964.

FARIA, Otavio de: "*Porto das Caixas* e o Cinema Novo", *Cadernos Brasileiros*, Rio de Janeiro, ano V, nº 2.

GULLAR, Ferreira: *Cultura posta em questão*, Editora Civilização Brasileira, Rio de Janeiro, 1965.

MACHADO, Aníbal: *João Ternura*, Livraria José Olympio Editora, Rio de Janeiro, 1965.

MAGALDI, Sábato: *Panorama do teatro brasileiro*, Difusão Européia do Livro, São Paulo, 1962.

MARTINS, Luciano: "Aspectos políticos da revolução brasileira", *Revista Civilização Brasileira,* Rio de Janeiro, nº 2, maio de 1965.

PEIXOTO, Mário,: *Limite* (trechos de roteiro), *Cine-Clube,* Rio de Janeiro, primavera de 1960.

PIRES, Roberto e SCHINDLER, Rex: *A grande feira,* Associação dos Críticos Cinematográficos da Bahia, Salvador, 1962.

ROCHA, Glauber: *Revisão crítica do cinema brasileiro,* Editora Civilização Brasileira, Rio de Janeiro, 1963.

ROCHA, Glauber: *Deus e o Diabo na terra do sol,* Editora Civilização Brasileira, Rio de Janeiro, 1965.

ROCHA, Glauber: "Uma estética da fome", *Revista Civilização Brasileira,* Rio de Janeiro, nº 3, julho de 1965.

ROSA, João Guimarães: *Grande sertão: veredas,* Livraria José Olympio Editora, Rio de Janeiro, 1958.

SANTOS, Nélson Pereira dos: "Debate em pré-estréia", *Leitura,* Rio de Janeiro, agosto-setembro de 1964.

SODRÉ, Nelson Werneck: "Quem é povo no Brasil?", in *Introdução à revolução brasileira,* Editora Civilização Brasileira, Rio de Janeiro, 1963.

TINHORÃO, J. Ramos: "Um equívoco de Opinião", *Diário Carioca,* Rio de Janeiro, 28 de dezembro de 1964.

VIANY, Alex: *Introdução ao cinema brasileiro,* Instituto Nacional do Livro, Rio de Janeiro, 1959.

WEFFORT, Francisco: "Política de massas", in *Política e revolução social no Brasil,* Editora Civilização Brasileira, Rio de Janeiro, 1965.

Filmografia

ABREVIATURAS

a.: argumento. *a. d.*: assistente de direção. *bas.*: baseado em. *c.*: cinegrafia (direção fotográfica). *cen.*: cenografia. *cin.*: cinegrafista (câmara). *c.m.*: curta-metragem. *coord.m.*: coordenação musical. *d.*: direção. *diál.*: diálogos. *d.p.*: direção de produção. *e.*: elenco. *l.m.*: longa-metragem. *m.*: música. *m.m.*: média-metragem. *mont.*: montagem. *p.*: produtor. *r.*: roteiro. *rom.*: romance. *s.*: som/sonografia.

À meia-noite levarei sua alma São Paulo, 1965, l.m. *d., r., m., p.*: José Mojica Marins *e.*: José Mojica Marins.

Apelo São Paulo, 1961, c.m. *d., a., mont.*: Trigueirinho Neto *c.*: Halley B. Veloso *e.*: Airton Garcia *narração:* Rosemarie von Becker *p.*: Oscar G. Campiglia, para o Serviço de Documentação da Reitoria da Universidade de São Paulo *supervisão científica:* Rosemarie von Becker.

Arraial do Cabo Rio, 1959, c.m. *d.*: Paulo César Saraceni *a.*: baseado em pesquisas do Museu Nacional *c.*: Mário Carneiro *texto da narração*: Cláudio Melo e Sousa *narração:* Ítalo Rossi *p.*: Sérgio Montagna, Joaquim Pedro de Andrade, Geraldo Markan.

Artigo 141 São Paulo, 1964, c.m. *d., r., p.*: José Eduardo Marques de Oliveira, com a colaboração do Grupo de Estudos Fílmicos e de Ana Maria Pimentel *c.*: João Ronseiro *mont.*: Benedito Araújo *locução:* Dina Sfat, Antero de Oliveira, Paulo José de Sousa.

Aruanda João Pessoa, 1960, c.m. *d., a., r.*: Linduarte Noronha *c., mont.*: Ruelker Vieira *a. d.*: Vladimir Carvalho e João Ramiro Melo *s.*: M. Cardoso *p.*: Instituto Joaquim Nabuco de Pesquisas Sociais (Recife), INCE (Rio), Associação dos Críticos Cinematográficos da Paraíba.

Asfalto selvagem Rio, 1964, l.m. *d., r.*: J. B. Tanko *a.*: do romance homônimo de Nelson Rodrigues *c.*: Toni Rabatoni *m.*: João Negrão *mont.*: Rafael Justo Valverde *e.*: Jece Valadão, Vera Viana, Maria Helena Dias, Ambrósio Fregolente, Jorge Dória *p.*: Herbert Richers e J. B. Tanko.

Assalto ao trem pagador, O Rio, 1962, 1.m. *d., r.*: Roberto Farias *a.*: baseado em estória de Luís Carlos Barreto e Roberto Farias, com a colaboração de Alinor Azevedo *c.*: Amleto Daissé *m.*: Remo Usai *e.*: Eliézer Gomes, Luísa Maranhão, Reginaldo Farias, Rute de Sousa, Grande Otelo, Dirce Migliaccio, Ambrósio Fregolente, Gracinda Freire *p.*: Herbert Richers.

Bahia de Todos os Santos São Paulo, 1961, l.m. *d., r., p.*: Trigueirinho Neto *c.*: Guglielmo Lombardo *m.*: Antônio Bento da Cunha *mont.*: Maria Guadalupe *e.*: Jurandir Pimentel, Arassary de Oliveira, Geraldo del Rey, Sadi Cabral, Lola Brah, Antônio Pitanga.

Barravento Salvador, 1961, 1.m. *d., r.*: Glauber Rocha *a.*: Luís Paulino dos Santos *m.*: trechos de folclore negro da Bahia *mont.*: Nélson Pereira dos Santos *e.*: Luísa Maranhão, Antônio Pitanga, Aldo Teixeira, Luci Carvalho *p.*: Rex Schindler.

Beijo, O Rio, 1965, 1.m. *d.*: Flávio Tambellini *a.*: baseado na peça de Nelson Rodrigues, *Beijo no asfalto r.*: Flávio Tambellini, Glauro Couto, Geraldo Gabriel *diál.*: Nelson Rodrigues *c.*: Toni Rabatoni, Amleto Daissé, Alberto Atili *mont.*: Maria Guadalupe *e.*: Reginaldo Farias, Neli Martins, Xandó Batista, Ambrósio Fregolente, Jorge Dória, Eliézer Gomes *p.*: Flávio Tambellini e Cia. Serrador.

Boca de Ouro, O Rio, 1962, 1.m. *d., r.*: Nélson Pereira dos Santos *a.*: da peça homônima de Nelson Rodrigues *c.*: Amleto Daissé *m.*: Remo Usai *e.*: Jece Valadão, Odete Lara, Daniel Filho, Maria Lúcia Monteiro *p.*: Jarbas Barbosa e Gilberto Perrone.

Bonitinha mas ordinária Rio, 1963, 1.m. *d.*: J. P. de Carvalho *a., r.*: Jece Valadão da peça homônima de Nelson Rodrigues *c.*: Amleto Daissé *m.*: Carlos Lira *mont.*: Rafael Justo Valverde *e.*: Jece Valadão, Odete Lara, Ambrósio Fregolente, André Villon, Lia Rossi, Monah Delacy *p.*: Jece Valadão e Magnus Filme.

Cafajestes, Os Rio, 1962, 1.m. *d.*: Rui Guerra *r.*: Miguel Torres e Rui Guerra *c.*: Toni Rabatoni *m.*: Luís Bonfá *e.*: Jece Valadão, Norma Benguel, Daniel Filho, Luci Carvalho, Glauce Rocha *p.*: Jece Valadão.

Canalha em crise Rio, 1963, 1.m. *d., r.*: Miguel Borges *c., cin.*: Hans Betei *m.*: Mário Rocha *mont.*: Saul Lachtermacher *e.*: Flávio Migliaccio, Teresa Raquel, Maria Gladys, Valdir Onofre *p.*: Tabajara Filmes.

Cidade ameaçada São Paulo, 1960, 1.m. *d., r.*: Roberto Farias *a.*: Alinor Azevedo *c.*: Toni Rabatoni *m.*: Gabriel Migliori *mont.*: Maria Guadalupe *e.*: Reginaldo Farias, Eva Wilma, Jardel Filho, Pedro Paulo Hathayer, Ana Maria Nabuco, Dionísio Azevedo, Milton Gonçalves *p.*: José Antônio Orsini e Cinematográfica Inconfidência.

Cinco vezes favela Rio, 1962, 1.m. *Um favelado*: *d., r.*: Marcos Farias *c.*: Ozen Sermet *e.*: Flávio Migliaccio, Isabela; *Zé da Cachorra*: *d., r.*: Miguel Borges *c.*: Jiri Dusek *m.*: Mário Rocha *e.*: Valdir Onofre, João Ângelo Labanca; *Escola de Samba Alegria de Viver*: *d., r.*: Carlos Diegues *a.*: Carlos Estêvão *c.*: Ozen Sermet *m.*: Carlos Lira *e.*: Abdias do Nascimento, Oduvaldo Viana Filho, Maria da Graça; *Couro de gato*: *d., r.*: Joaquim Pedro de Andrade *c.*: Mário Carneiro *m.*: Carlos Lira *e.*: Paulinho, Cláudio Corrêa e Castro, Riva Nimitz, Henrique César, Napoleão Muniz Freire; *Pedreira de São Diogo*: *d., r.*: Leon Hirszman *c.*: Ozen Sermet *e.*: Glauce Rocha, Sadi Cabral, Francisco de Assis.

Circo, O Rio, 1965, m.m. *d., r.*: Arnaldo Jabor *c.*: Afonso Henriques Beato *mont.*: Carlos Diegues *s. direto.*: Carlos Artur Liuzi *p.*: Itamarati, INCE, Patrimônio Histórico.

Couro de gato v. *Cinco vezes favela.*

Crime de amor Rio, 1965, 1.m. *d., r.*: Rex Endsleigh *a.*: da peça homônima de E. da Rocha Miranda *c.*: Rodolfo Neder *m.*: Remo Usai *mont.*: Frida Dourian *e.*: Beyla Genauer, Carlos Alberto, Joana Fomm, Carmen Klainberg, Renato Murce, Zenir Pereira, Maria Pompeu, Hugo Carvana, Elídio Nascimento, Rosângela Maldonado, Armando Nascimento *p.*: Lina Filmes.

Crime no Sacopã Rio, 1963, 1.m. *d., mont.*: Roberto Pires *a.*: Ubiratan Lemos *c.*: Mário Carneiro *e.*: Adriano Lisboa, Jirrah Said, Agildo Ribeiro, Jorge Dória, Mario Benvenuti *p.*: Gilberto Perrone e Jarbas Barbosa.

Crônica da cidade amada Rio, 1965, 1.m. *d., r.*: Carlos Hugo Christensen *a.*: baseado em crônicas de Paulo Mendes Campos (Aparição, Aventura carioca, Receita de domingo), Carlos Drummond de Andrade (O índio, Luzia), Dinah Silveira de Queirós (O homem que se evadiu, A morena e O louro), Fernando Sabino (Iniciada a peleja), Orígenes Lessa (Mal-entendido) e Paulo Rodrigues (Um pobre morreu) *diál.*: Millôr Fernandes *c.*: Ozep Sermet *m.*: Lírio Panicalli *mont.*: Valdemar Noya *e.*: Ana di Prado, Procópio Ferreira, Magalhães Graça, Siwa, Hamilton Ferreira, Germano Filho, José Carlos Corrêa, Lúcio Pereira, Cecil Thiré, Vagareza, Armando Nascimento, Ambrósio Fregolente, Jaime Costa, Janira Santiago, Artur Semedo, Márcia de Windsor, Marivalda, Lita Palácios, Mário de Lucena, Grande Otelo, Adalberto Silva, Sérgio de Oliveira, Oscarito, Liana Duval, Ismália Pena, Osvaldo Lousada, Duarte de Morais, Milton Carneiro,

Jardel Filho *narração:* Paulo Autran *p.*: Carlos Hugo Christensen, Paulo Serrano, Art Filmes.

Desafio, O Rio, 1965, 1.m. *d., r.*: Paulo César Saraceni *c.*: Guido Cosulich *cin.*: Dib Lufti *m.*: Mozart e Villa-Lobos *mont.*: Ismar Porto *e.*: Isabela, Oduvaldo Viana Filho, Sérgio Brito, Luís Linhares, Gianina Singulani, Joel Barcelos, Hugo Carvana, Maria Bethânia, João do Vale, Zé Keti, Marilu Fiorani, Renato C. Couto Filho *p.*: Sérgio Saraceni, Imago.

Deus e o Diabo na terra do sol Rio, 1964, 1.m. *d., a., r., diál.*: Glauber Rocha *c.*: Valdemar Lima *m.*: Heitor Villa-Lobos Canções compostas e interpretadas por Sérgio Ricardo sobre temas populares do Nordeste *mont.*: Glauber Rocha, Rafael Justo Valverde *e.*: Geraldo del Rey, Ioná Magalhães, Othon Bastos, Lídio Silva, Maurício do Vale, Sônia dos Humildes *p.*: Glauber Rocha e Jarbas Barbosa, Luís Augusto Mendes.

Em busca do ouro Rio, 1965, c.m. *d., r.*: Gustavo Dahl *c.*: Pedro de Morais *comentário musical*: Bach, Scarlatti, Albinoni, Lobo de Mesquita, Orejon e Aparício *a.d.* e *c.*: João Farias Parreiras Horta *narrador:* Paulo José *p.*: Setor de cinema do Departamento do Patrimônio Histórico e Artístico Nacional e da Divisão Cultural do Ministério das Relações Exteriores.

Encontro com a morte Rio, 1965, 1.m. *d., r.*: Artur Duarte *c.*: Aurélio Rodrigues *m.*: Jaime Mendes *e.*: Irma Alvarez, Rosita Tomás Lopes, Orlando Vilar, Márcia Rocha, Fernando Pereira, Rodolfo Arena, Arnaldo Montei, João Ângelo Labanca *d.p.*: Ademar Gonzaga *p.*: Carioca Filmes.

Engenhos e usinas Rio, 1955, c.m. *d.*: Humberto Mauro *c.*: Luís Mauro *r.m.*: José Mauro *arranjo:* Aldo Taranto *conjunto vocal*: Os Cariocas *p.*: INCE.

Entre o amor e o cangaço Rio, 1965, 1.m. *d., r.*: Aurélio Teixeira *c.*: Rodolfo Neder *m.*: Catulo de Paula *mont.*: Rafael Justo Valverde *e.*: Geraldo del Rey, Milton Ribeiro, Rejane Medeiros, Jofre Soares *p.*: Jarbas Barbosa.

Escola de Samba Alegria de Viver v. *Cinco vezes favela.*

Escravos de Jó Rio, 1965, c.m. *d., r.*: Xavier de Oliveira *c.:, cin.*: Edson Batista *m.*: Geni Marcondes *p.*: Xavier e Denoy de Oliveira.

Falecida, A Rio, 1965, 1.m. *d.*: Leon Hirszman *a.*: da peça homônima de Nelson Rodrigues *r.*: Leon Hirszman e Eduardo Coutinho *m.*: Radamés Gnatalli, sobre um tema de Nelson Cavaquinho *e.*: Fernanda Montenegro, Ivan Cândido, Paulo Gracindo, Nelson Xavier, Vanda Lacerda *p.*: Produções Cinematográficas Meta.

Favelado, Um v. *Cinco vezes favela.*

Fuzis, Os Rio, 1965, l.m. *d., r.*: Rui Guerra *a.*: Rui Guerra e Miguel Torres *c.*: Ricardo Aronovich *cen.*: Calazans Neto *mont.*: Rui Guerra, Raimundo Higino *a.d.*: Rui Polanah e Cecil Thiré *coord. m.* e *tema:* Moacir Santos *arte:* Ziraldo *e.*:

Átila Iório, Nelson Xavier, Maria Gladys, Leonides Bayer, Ivan Cândido, Paulo César, Hugo Carvana, Maurício Loiola, Rui Polanah, Joel Barcelos, o povo de Milagres, Tartaruga e Nova Itarana *p.*: Jarbas Barbosa/Copacabana Filmes.

Ganga Zumba, rei dos Palmares Rio, 1963, l.m. *d., r.*: Carlos Diegues *a.*: bas. rom. homônimo de João Felício dos Santos *c.*: Fernando Duarte *m.*: Moacir Santos *mont.*: Ismar Porto *e.*: Eliézer Gomes, Luísa Maranhão, Antônio Pitanga, Jorge Coutinho, Léa Garcia, Teresa Raquel *p.*: Jarbas Barbosa.

Garoto de calçada Rio, 1965, c.m. *d., r., mont.*: Carlos Frederico Rodrigues *c.*: Renato Neuman *m.*: Carlos Frederico Rodrigues e Edmundo Souto *e.*: Luís Henrique, Osvaldo Pitágoras, Antônio Carlos Soares, Xavier de Oliveira, Gilberto Santeiro, José Alberto Lopes.

Garrincha, alegria do povo Rio, 1962, l.m. *d., r.*: Joaquim Pedro de Andrade *c.*: Mário Carneiro, David Neves *mont.*: Nelo Meli *p.*: Luís Carlos Barreto.

Gimba São Paulo, 1963, l.m. *d.*: Flávio Rangel *a.*: da peça homônima de Gianfrancesco Guarnieri *r.*: Roberto Santos *c.*: Mário Carneiro *m.*: Carlos Lira *mont.*: Nelo Meli *e.*: Milton Morais, Gracinda Freire, Osvaldo Lousada *p.*: Osvaldo da Palma.

Grande cidade, A Rio, 1966, l.m. *d., r.*: Carlos Diegues *c.*: Fernando Duarte *mont.*: Gustavo Dahl *e.*: Leonardo Vilar, Anecy Rocha, Antônio Pitanga, Joel Barcelos, Hugo Carvana.

Grande feira, A Salvador, 1962, l.m. *d., r.*: Roberto Pires *a.*: Rex Schindler *c.*: Hélio Silva *e.*: Geraldo del Rey, Helena Inês, Luísa Maranhão, Antônio Pitanga, Milton Gaúcho, Roberto Ferreira *p.*: Rex Schindler, Braga Neto.

Grande momento, O São Paulo, 1958, l.m. *d., a.*: Roberto Santos *r.*: R. Santos, Norberto Nath *c.*: Hélio Silva *m.*: Alexandre Gnatalli *e.*: Gianfrancesco Guarnieri, Miriam Pércia, Paulo Goulart, Vera Gertel *p.*: Nélson Pereira dos Santos.

Heitor dos Prazeres Rio, 1966, c.m. *d., r.*: Antônio Carlos Fontoura *c.*: Afonso Beato *m.* e *narração:* Heitor dos Prazeres *mont.*: Rui Guerra e Vera Barreto Leite.

História de um crápula Rio, 1965, l.m. *d., p.*: Jece Valadão *a.*: baseado em história de Maria Inês Souto de Almeida *r.*: Jece Valadão, Vítor Lima *c.*: Rodolfo Neder *m.*: João Negrão *mont.*: Rafael Justo Valverde *e.*: Jece Valadão, Vera Viana, Sônia Dutra, José Lewgoy, Jorge Dória, Ioná Meireles, Mário Lago, Milton Rodrigues, Cláudio Cavalcanti, Rafael Almeida, Esmeralda Barros, Amélia Simone *p.*: Magnus Filmes.

Humberto Mauro Rio, 1966, c.m. *d., r.*: David E. Neves.

Ilha, A São Paulo, 1963, l.m. *d., a., r.*: Walter Hugo Khouri *c.*: Rudolf Icsey e George Pffister *m.*: Rogério Duprat *mont.*: Máximo Barro *e.*: Luigi Picchi, Eva Wilma, Liris Castellani, José Mauro de Vasconcelos, Mário Benvenuti, Elisabeth Hartman, Francisco Negrão *p.*: Kamera Filmes.

Integração racial Rio, 1964, c.m. *d.*, *r.*: Paulo César Saraceni *c.*: David Neves *mont.*: Gustavo Dahl *s. direto:* Arnaldo Jabor *p.*: Itamarati, Patrimônio Histórico.

Lampião, rei do cangaço São Paulo, 1963, l.m. *d.*, *r.*: Carlos Coimbra *e.*: Leonardo Vilar, Vanja Orico *p.*: Osvaldo Massaini.

Lima Barreto Rio, 1966, c.m. *d.*, *r.*: Júlio Bressane.

Maioria absoluta Rio, 1964, c.m. *d.*, *p.*: Leon Hirszman *c.*: Luís Carlos Saldanha *mont.*: Nélson Pereira dos Santos *comentário e narração:* Ferreira Gullar *s. direto:* Arnaldo Jabor.

Mandacaru vermelho Rio, 1961, l.m. *d. r.*: Nélson Pereira dos Santos *c.*: Hélio Silva *e.*: Jurema Pena, Sônia Pereira, Luís Paulino dos Santos, Miguel Torres, Nélson Pereira dos Santos.

Marimbás Rio, 1963, c.m. *d.*: Vladimir Herzog *r.*: Vladimir Herzog, Lucila Ribeiro, Shauli Isaac *c.*: Dib Lufti *mont.*: Lucila Ribeiro.

Mário Gruber São Paulo, 1966, c.m. *d.*, *r.*: Rubem Biafora *c.*: Rudolf Icsey *m.*: Rogério Duprat *a.d.*: Benedito Araújo e Sílvio Campos *d.p.*: José Eduardo Marques de Oliveira *p.*: Instituto Nacional de Cinema Educativo.

Memória do cangaço Rio, 1965, c.m. *d.*, *r.*: Paulo Gil Soares *c.*: Afonso Henriques Beato *mont.*: João Ramiro Melo *p. executivo:* Edgardo Pallero *p.*: Thomas Farkas, Itamaraty, Patrimônio Histórico.

Mendigos, Os Rio, 1962, l.m. *d.*, *r.*: Flávio Migliaccio *c.*: Afonso Viana e Ângelo Rivas *m.*: Luís Bonfá *e.*: Vanja Orico, Fábio Sabag, Osvaldo Loureiro, Eduardo Coutinho, Oduvaldo Viana Filho, Renato Consorte, Rui Guerra, Dirce Migliaccio, Carlos Estêvão, Cecil Thiré, Leon Hirszman *p.*: João Elias Produções e São José Filmes.

Menino da calça branca, O Rio, 1963, c.m. *d.*, *r.*, *m.*, *p.*: Sérgio Ricardo *c.*: Dib Lufti *mont.*: Nélson Pereira dos Santos.

Menino de engenho Rio, 1965, l.m. *d.*, *r.*: Walter Lima Júnior *a.* baseado na obra de José Lins do Rego *c.*: Reinaldo Barros *m.* Villa-Lobos e Alberto Nepomuceno *mont.*: João Ramiro Melo *e.*: Geraldo del Rey, Savio Rolim, Anecy Rocha, Margarida Cardoso, Antônio Pitanga, Maria Lúcia Dahl, Rodolfo Arena *p.*: Walter Lima Júnior e Glauber Rocha.

Meninos do Tietê São Paulo, 1963, c.m. *d.*: Maurice Capovilla *a.*: Vítor Cunha Rego, Maurice Capovilla *c.*: Halley B. Veloso *m.*: Joãozinho da Goméia *p.*: Vítor Cunha Rego.

Moleques de rua Salvador, 1960, c.m. *d.*, *r.*: Álvaro Guimarães *c.*: Valdemar Lima *m.*: Caetano Veloso *p.*: Glauber Rocha.

Morte comanda o cangaço, A São Paulo, 1960, l.m. *d.*: Carlos Coimbra *a.*: Walter Guimarães Mota *diál.*: Francisco Pereira da Silva *c.*: Toni Rabatoni *e.*:

Alberto Ruschel, Aurora Duarte, Milton Ribeiro, Rute de Sousa, Liris Castellani *p.*: Aurora Duarte Produções Cinematográficas.

Morte em três tempos, A Rio, 1963, 1.m. *d., r.*: Fernando Campos *a.*: de um conto de Luís Lopes Coelho *c.*: Mário Carneiro *m.*: Aloísio de Oliveira *e.*: Irma Álvarez, Joseph Guerreiro, Osvaldo Loureiro, Milton Rodrigues *p.*: Álvaro Ferraz de Abreu.

Morte para um covarde/Rosas para una mujer São Paulo, 1965, 1.m. *d., r.*: Diego Santillan, adaptação brasileira de Orígenes Lessa e Vítor Lima *c.*: Oscar Melli *cen.*: Darci Evangelista *m.*: Anatole Pietri *mont.*: Rafael Justo Valverde e Lúcia Erita *e.*: Reginaldo Farias, Virgínia Lago, Alfredo Murphy, Leonides Bayer, Mário Lozano, Jacinto Herrera, Paulo Copacabana *p.*: Charlo (Argentina) e Herbert Richers (Brasil).

Noite vazia São Paulo, 1964, 1.m. *d., r.*: *diál.*: Walter Hugo Khouri *c.*: Rudolf Icsey *m.*: Rogério Duprat *mont.*: Mauro Alice *e.*: Norma Benguel, Odete Lara, Mario Benvenuti, Gabriele Tinti *p.*: Kamera Filmes.

Nordeste sangrento Rio, 1963, 1.m. *d.*: Wilson Silva *a.*: Ismar Porto, Sanin Cherques *r.*: Wilson Silva, Ismar Porto *diál.*: Francisco Pereira da Silva *c.*: Edgar Eichhorn *m.*: Remo Usai *mont.*: Glauco Mirko Laurelli *e.*: Irma Álvarez, Paulo Goulart, Lueli Figueiró, Jackson de Sousa, Valdir Maia, Jaci Campos *p.*: Unidas.

Pagador de promessas, O São Paulo, 1962, 1.m. *d., r.*: Anselmo Duarte *a.*: da peça homônima de Dias Gomes *c.*: Chick Fowle *m.*: Gabriel Migliori *mont.*: Carlos Coimbra *e.*: Leonardo Vilar, Glória Menezes, Dionísio de Azevedo, Norma Benguel, Geraldo del Rey, Roberto Ferreira, Othon Bastos, Antônio Pitanga *p.*: Osvaldo Massaini.

Pedreira de São Diogo v. *Cinco vezes favela.*

Porto das Caixas Rio, 1963, 1.m. *d., r.*: Paulo César Saraceni *a.*: Lúcio Cardoso *c.*: Mário Carneiro *m.*: Antônio Carlos Jobim *mont.*: Nelo Meli *e.*: Irma Álvarez, Reginaldo Farias, Paulo Padilha, Sérgio Sanz, Margarida Rey *p.*: Elísio de Sousa Freitas, Equipe Produtora Cinematográfica.

Primeira missa, A São Paulo, 1960, 1.m. *d., r.*: Lima Barreto *a.*: Lair Lacerda *c.*: Chick Fowle *m.*: Gabriel Migliori *mont.*: Mauro Alice *e.*: José Mariano Filho, Margarida Cardoso, Dionísio Azevedo, Cavalheiro Lima, Lima Barreto, Galileu Garcia *p.*: Campos Elísios Cinematográfica.

Procura-se uma rosa Rio, 1965, 1.m. *d.*: Jece Valadão *a.*: baseado na peça homônima de Pedro Bloch *r.*: Vítor Lima, Jece Valadão *c.*: José Rosa *mont.*: Rafael Justo Valverde *e.*: Leonardo Vilar, Teresa Raquel, Milton Gonçalves, Osvaldo Lousada, Jorge Dória *p.*: Magnus Filmes.

Quinto poder, O Rio, 1963, 1.m. *d.*: Alberto Pieralisi *a., r.*: Carlos Pedregal *c.*:

Ozen Sermet *m.*: Remo Usai *mont.*: Ismar Porto *e.*: Eva Wilma, Osvaldo Loureiro, Orlando Vilar *p.*: Pedregral Filmes.

Ramo para Luísa, Um Rio, 1965, 1.m. *d.*: J. B. Tanko *a.*: do rom. homônimo de José Conde *r.*: J. B. Tanko, Paulo Porto, Alinor Azevedo *c.*: José Rosa *e.*: Darlene Glória, Paulo Porto, Sônia Dutra.

Rebelião em Vila Rica Rio, 1958, 1.m. *d., a.*: Geraldo e Renato Santos Pereira *c.*: Ugo Lombardi *m.*: Camargo Guarnieri *e.*: Paulo Araújo, Xandó Batista, Jaime Barcelos, Celso Faria *p.*: Cinematográfica Brasil.

Riacho de sangue São Paulo, 1966 *d.*: Fernando de Barros *r.*: Walter G. Mota *c.*: Ozen Sermet (Eastmancolor) *cen.*: Apoio Monteiro *m.*: Guerra Peixe *mont.*: Glauco Mirko Laurelli *e.*: Alberto Ruschel, Gilda Medeiros, Turibio Ruiz, Jacqueline Myrna, Maurício do Vale, José Policena, José Pimentel, Ivan de Sousa, Cavalcanti Borges, Leonildo Martins, Sérgio Warnowski *p.*: Aurora Duarte e Massao Ohno.

São Paulo S. A. São Paulo, 1965, 1.m. *d., a., r., diál.*: Luiz Sergio Person *c.*: Ricardo Aronovich *m.*: Cláudio Petraglia *mont.*: Glauco Mirko Laurelli *e.*: Valmor Chagas, Eva Wilma, Otelo Zelloni, Ana Esmeralda, Darlene Glória *p.*: Renato Magalhães Gouveia, Sòcine.

Seara vermelha São Paulo, 1963, 1.m. *d.*: Alberto d'Aversa *a.*: do romance homônimo de Jorge Amado *r., diál.*: Alberto d'Aversa e Jorge Amado *c.*: Guglielmo Lombardi *m.*: Moacir Santos *mont.*: Glauco Mirko Laurelli *e.*: Sadi Cabral, Margarida Cardoso, Ivanilde Alves, Nelson Xavier, Ester Melinger, Jurema Pena *p.*: Proa Filmes.

Selva trágica Rio, 1963, 1.m. *d., r.*: Roberto Farias *a.*: do livro homônimo de Hernani Donato *c.*: José Rosa *m.*: Luís Bonfá *e.*: Reginaldo Farias, Maurício do Vale, João Ângelo Labanca, Rejane Medeiros, Aurélio Teixeira *p.*: Herbert Richers.

Sina do aventureiro, A São Paulo, 1959, 1.m. *d., r.*: José Mojica Marins *c.*: Honório Marins *m.*: Eni Balu *e.*: Acacio de Lima, Shirley Alves, Augusto Pereira *p.*: Indústria Cinematográfica Apoio.

Society em baby-doll Rio, 1965, 1.m. *d.*: Luís Carlos Maciel, Valdemar Lima *a.*: da peça homônima de Henrique Pongetti *e.*: Ítalo Rossi, Ioná Magalhães, Natália Timberg, Sérgio Brito, André Villon, Cecil Thiré *p.*: Luís Augusto Mendes.

Sol sobre a lama Salvador, 1962, 1.m. *d.*: Alex Viany *a.*: João Palma Neto *r.*: Alex Viany e Miguel Torres *c.*: Rui Santos *e.*: Geraldo del Rey, Gessy Gesse, Glauce Rocha, Teresa Raquel, Jurema Pena, Othon Bastos, Antônio Pitanga *p.*: João Palma Neto, Álvaro Queirós.

Subterrâneos do futebol São Paulo, 1965, c.m. *d., r.*: Maurice Capovilla *c.*: Thomas Farkas e Armando Barreto *mont.*: Luís Elias, Roberto Santos *p.*: Thomas Farkas.

Terra em transe Rio, 1967, 1.m. *d., r.*: Glauber Rocha *c.*: Luís Carlos Barreto, Dib Lufti *m.*: Sérgio Ricardo *mont.*: Eduardo Escorel *e.*: Jardel Filho, Glauce Rocha, José Lewgoy, Paulo Autran, Flávio Migliaccio, Jofre Soares, Danuza Leão, Paulo Gracindo *p.*: Mapa-Difilm.

Tocaia no asfalto Salvador, 1962, 1.m. *d., r.*: Roberto Pires *a.*: Rex Schindler *c.*: Hélio Silva *m.*: Remo Usai *e.*: Agildo Ribeiro, Arassari de Oliveira, Adriano Lisboa, Geraldo del Rey, Antônio Pitanga *p.*: Rex Schindler e David Singer.

Três cabras de Lampião São Paulo, 1962, 1.m. *d.*: Aurélio Teixeira *a., r.*: Miguel Torres e Aurélio Teixeira *c.*: Hélio Silva *m.*: Catulo de Paula *e.*: Aurélio Teixeira, Milton Ribeiro, Gracinda Freire, Miguel Torres, Catulo de Paula, Luci Carvalho *p.*: Aurélio Teixeira Produções Cinematográficas.

Tropeiro, O Rio, 1964, 1.m. *d.*: Aécio Andrade *c.*: Valdemar Lima *m.*: Remo Usai *e.*: Osaná Rocha, Mozart Cintra *p.*: Pampulha Produtora Cinematográfica.

Vencidos, Os Rio, 1964, 1.m. *d., a., r.*: Glauro Couto *diál.*: Miguel Torres, Glauro Couto e João Bethencourt *c.*: Ozen Sermet e Toni Rabatoni *m.*: Remo Usai *e.*: Jorge Dória, Anick Malvil, Breno Melo, Eliézer Gomes.

Viagem aos seios de Duília Rio, 1964, 1.m. *d.*: Carlos Hugo Christensen *a.*: do conto homônimo de Aníbal Machado *diál.*: Orígenes Lessa *c.*: Aníbal Gonzalez Paz *m.*: Lírio Panicalli *mont.*: Nelo Meli *e.*: Rodolfo Mayer, Natália Timberg, Osvaldo Lousada, Lúcia Magna *p.*: Serrano Produções Cinematográficas.

Vidas secas Rio, 1963, 1.m. *d., r.*: Nélson Pereira dos Santos *a.*: do romance homônimo de Graciliano Ramos *c.*: José Rosa, Luís Carlos Barreto *mont.*: Rafael Justo Valverde *e.*: Átila Iório, Maria Ribeiro, Jofre Soares *p.*: Luís Carlos Barreto, Herbert Richers.

Viramundo São Paulo, 1965, c.m. *d.*: Geraldo Sarno *c.*: Thomas Farkas *m.*: Caetano Veloso *letras:* José Carlos Capinam *mont.*: Sílvio Rinaldi, Luís Elias, Roberto Santos *pesquisas:* Octavio Ianni, Geraldo Sarno *p.*: Thomas Farkas.

Zé da Cachorra v. *Cinco vezes favela.*

Índice onomástico

Índice de filmes

Além dos filmes brasileiros mencionados no texto, são registrados aqui — pelo título original e pelo que tiveram no Brasil — os filmes estrangeiros citados pelo autor. São igualmente registrados aqui — e assinalados com um asterisco (*) — os títulos de algumas obras literárias também citadas.

Legendas das fotos

A grande feira: Rôni e Maria da Feira (Geraldo del Rey e Luísa Maranhão)
A grande feira: Rôni e a grã-fina (Geraldo del Rey e Helena Inês)
Barravento: Aruã (Aldo Teixeira)
Barravento: Firmino (Antônio Sampaio)
Vidas secas: Fabiano (Átila Iório)
Vidas secas: andando para um futuro desconhecido
Sol sobre a lama: Valente (Geraldo del Rey)
Bahia de Todos os Santos: perplexidade de Tônio (Jurandir Pimentel)
Os fuzis: o desespero de Gaúcho (Átila Iório)
Deus e o Diabo na terra do sol: Antônio das Mortes (Maurício do Vale)
São Paulo S. A.: Carlos (Valmor Chagas)
O desafio: Marcelo (Oduvaldo Viana Filho)
Grande cidade: o ludismo de Calunga (Antônio Sampaio)

ESTA OBRA FOI COMPOSTA PELA SPRESS EM MINION E IMPRESSA
EM OFSETE PELA PROL EDITORA GRÁFICA SOBRE PAPEL PÓLEN SOFT DA
SUZANO PAPEL E CELULOSE PARA A EDITORA SCHWARCZ EM MAIO DE 2007